U0072686

運用占卜微調你的未來

解讀過去、現在
和未來

史考特·康寧罕的

占卜大全

READING THE PAST,
PRESENT &
FUTURE

史考特·康寧罕 著

"Translated from"
Divination for Beginners

Interior illustrations by Kate Thomsson (p.p.1, 73,163),
and Kevin R. Brown (p. 187)
Universal Tarot cards, © 2000, reproduced by permission from Lo Scarabeo
Published by Llewellyn Publications
Woodbury, MN 55125 USA
www.llewellyn.com
(Formerly titled The Art of Divination, published by Crossing Press, 1993. Reissued by
Crossing Press as Pocket Guide to Fortune Telling, 1997)

Published by arrangement with Llewellyn Publications,
a division of Llewellyn Worldwide LTD.
through LEE'S Literary Agency

史考特·康寧罕的占卜大全

出　　版／楓樹林出版事業有限公司
地　　址／新北市板橋區信義路163巷3號10樓
郵政劃撥／19907596 楓書坊文化出版社
網　　址／www.maplebook.com.tw
電　　話／02-2957-6096
傳　　真／02-2957-6435
作　　者／史考特・康寧罕
審　　定／詹文貞
譯　　者／林惠敏
企劃編輯／陳依萱
校　　對／許瀞云
港澳經銷／泛華發行代理有限公司
定　　價／450元
初版日期／2022年12月

國家圖書館出版品預行編目資料

史考特.康寧罕的占卜大全 / 史考特・康寧罕作
; 林惠敏譯. -- 初版. -- 新北市 : 楓樹林出版事業
有限公司, 2022.12　面；　公分

譯自 : Divination for Beginners :
reading the past, present & future

ISBN 978-626-7218-04-4（平裝）

1. 占卜

292　　111016246

現在即未來

在這個自我成長書籍登上銷售排行榜榜首的時代，我們人類顯然不再滿足於沒有方向的生活。我們尋找完美的技術來自我提升。我們讀書、參加研討會，每天都花一些時間在追尋自我。這些方法對某些人來說相當有效，但也有人意識到其中少了些什麼：他們有目標，也有達成目標的地圖，但他們不確定該走哪條路才是最好的。他們可能會因此而陷入絕望，並放棄改善自己的生活。

占卜可為我們提供這類重大的資訊，讓我們看見前進的方向。透過分析這類的資訊並應用至我們目前的生活，我們便能繞過不那麼愉快的目的地，進而改善我們的生活品質。

作為探求未知資訊的工具，占卜可發揮重大的影響力，讓生活符合我們的期望、夢想和渴求。它有助我們學習尚未掌握的經驗教訓，讓我們在邁向未來的路上可以走得更平順。

史考特・康寧罕

目錄

✦ 前言

史考特・康寧罕致力於三大領域：書寫技巧、魔法生活技巧，以及對讀者的慈愛關切。身為作者，史考特持續撰寫一絲不苟的研究筆記，而且至少累積三份以上的完整手稿草稿後才進行出版。他往往會隔至少一年以上才處理不同的草稿，如此在修改時才能保持完全客觀。他會查證事實是否準確，並從讀者角度閱讀手稿，以確認讀者能輕易理解他的說明。

史考特在他短暫的一生中撰寫了超過三十本書，部分是供「受僱」所撰寫的短篇小說和技術手冊，讓他可以持續進行研究並撰寫「真正的書」。

他在這些真正的書中融入了他的心和靈魂。他認為宇宙是充滿魔法的，而所有的生命也是。充滿魔法的宇宙和生命就像同一枚硬幣的兩面：我們都是這魔法宇宙的一分子，當我們能懷抱著魔法意識生活，我們就能過著睿智而美好的生活，

這就是他對讀者流露的愛與關懷。他希望人們可以理解大自然不是「外來的」，我們就是大自然的一部分，而大自然也是我們的一部分。這同時為我們賦予了機會與責任，因為不僅所有的生命都是一體的，而且大自然中的萬物都是有生命的，當我們生

活在無處不在的生命和愛的意識中時，我們便將這一切都結合在一起。

史考特會閱讀作者郵件，讀者會詢問他問題，向他揭露個人的問題。他認真看待每一封信，並在撰寫著作時銘記在心。他特別關心年輕讀者和初學者，因為在這個將自然視為純物質，甚至將自然視為必須釘死在唯物論十字架上的「仇敵」的主流文化中，他們正試圖帶著魔法意識過生活。

正是外在世界與「內在」之間的這種統一性，使占卜的藝術和科學成為可能。在解讀牌卡、石頭、雲朵圖案，或詮釋從夢境或物品中發現的象徵時，我們也正為這個更廣闊的現實打開感知之門，在這個現實中，甚至過去和未來的時間都不再與我們的意識分離。

本書是史考特最後的作品之一，是對各種占卜的調查和介紹。這是個起點，讓你能夠找到最吸引你的特定種類占卜，讓你可以感受魔法，讓你可以和任何問題都能得到解答的真實世界交流。

我希望你會發現這只是魔法生活奇妙旅程的第一步。

利韋林全球公司出版商
卡爾·盧埃林·韋斯切克

致謝

作者想向以下的個人表達感謝：

感謝 Spellbound 商店的 Vinny Gaglione 提供幾種義大利占卜技巧的寶貴貢獻。

感謝 de Traci Regula 讓我進入他的私人圖書館。

感謝 Marilee Bigelow 和我一起討論關於我們十至十五年前使用的蠟燭和其他技術的某些占卜系統。

感謝 Annella 對煙霧解讀的教學。

感謝 Marlene Cole 對塔羅章節的協助。

感謝我的父母，沒有他們，就不會有這位作者的存在。

✦ 序言

近年來可見到人們對探索未來的興趣和活動激增。無數的靈性電話專線每天二十四小時開放，而且大多都不缺顧客。可選擇以盧恩符文和易經卦在個人電腦上運行的程式已經開發出來。塔羅牌從未如此享有盛名或暢銷。全國各地都盛行舉辦大型的靈性市集，吸引了數以百計或千計的參觀者，急欲一窺未來。

毫無疑問，我們對未來有著永不滿足的好奇心。想一窺未來的動機因人而異，但慾望本身就和人類意識及我們對時間的感知一樣歷史悠久。

現代技術可能修改了昔日的算命形式（今日在法律上稱為「靈性娛樂」），但許多想私下探索潛在路徑的個人仍在使用古老的方法。這是占卜的最大價值之一：我們無須拜訪占卜師，因為我們自己就可以成為占卜師。

在我們人類與其他物種相較下較短的歷史中，我們總是充滿了關於明天的問題、焦慮和希望。儘管從許多方面來看，動植物都更擅長預測某些狀況，例如氣象預報，但人類也已經發展出一系列出色的技術，得以揭開今日與明日之間的神祕面紗。我們也會運用占卜來做出艱難的決定、取得對過去的清晰理解，並檢視我們目前的生活。

這項不朽的藝術有許多稱呼，非實踐者可能會稱為「算命」或「預言」，這兩者有時會被視為帶有貶義的用語。大多數實行這項古老技藝的專家只會使用**占卜**一詞，並將自己定義為占卜師。

本書是傳授如何解讀你的過去、現在及未來的占卜術完整指南。在同類型的著作中，這部作品幾乎是以獨一無二的觀點撰寫而成，因為作者並不認為我們是依據神聖計畫而活（因此我們可以改變未來）。我們無須具備探索過去、現在和過來的通靈能力。每個人都可以進行占卜並接收重要訊息，本書概括了許多教你如何進行的方法。

第一部分是主題概述，以及占卜在古代的重要性調查，同時也涵蓋象徵性思維的技巧；我們稱為時間的幻象性質，以及改變不想要未來的可行計畫。

第二部分包含廣泛占卜術的詳細說明，每種占卜都依實行時使用的工具或技術而分類。許多占卜運用的是如水、雲、煙、火和鳥兒移動等自然力量。

第三部分是更進階占卜術的簡短介紹。

附錄1列出從世界各地各個時代收集而來的超過七十種占卜術。附注釋的參考書目為感興趣的讀者提供更多的資訊來源。

《史考特・康寧罕的占卜大全》是實用的指南，提供非常實用的技巧。向大眾公開這樣的資訊顯然是為了提供預見可能未來、回答問題等技巧，並在做出艱難決定時提供協助，而這是依據二十多年來的研究和實際經驗撰寫而成的。儘管我們無法保證這任一技巧的成功，但如果它們無效，似乎也不太可能會流傳五千年。

占卜不是要讓我們退回到主要由迷信和誤解主宰的年代。正好相反，想要真正理解創造我們的生命且仍在運作的力量是需要深思熟慮的，而這也讓我們重新思考許多我們珍視且神祕的概念。

沒有所謂的命運或注定的事。我們的人生計畫不是由更高的存有決定的。我們的人生幾乎完全掌握在我們自己手中。作為提供未知訊息的工具，占卜可以是我們強大的盟友，協助我們重塑生活，並讓我們的生活符合我們的希望及嚮往。

從過去尋找答案，檢視現在，進而展望未來。唯有如此，你才能準備好充分參與我們稱為人生的這場偉大冒險。

Aspects of Divination

Part 1

占卜的層面

第一部分

占卜入門

Beginnings

1

✦

大地、空氣、混亂與天空，海洋、原野、岩石與高山
揭露了真實。

——羅馬詩人盧坎（Lucan）

占卜是由占卜者操作他們認為可提供相關資訊的工具，並透過觀察來判定未知未來的做法。

古老的占卜術永不退流行。即使到了由物質主義主宰的現代，我們還是會執行古老的儀式來探索未來的景況。從古至今，占卜以多種形式成為我們生活的一部分。

人們從史前就會使用工具來預測未來，因此我們並沒有記錄到最早的文化為了窺探未來會採取哪些行動。或許最初的形式包括凝視湖面、觀看從烹飪和取暖用火升起的煙，以及觀察雲朵的形式。在尚沒有文字的時代，所有這類的現象都被賦予了靈性能量，而這似乎很合理，因為我們的先人正是如此才得以一窺未來。

在偉大的古老文化中，占卜通常與宗教相關。過去的人們相信，只要賦予神靈機會，祂們很樂於提供關於未來的建議。而人們會透過特定工具的供應和使用提供這樣的機會，讓神得以操控這些工具做出具體的回應。早期的占卜者認為占卜透露出神靈的意願，因此他們認為未來是不可改變的。

然而，經過好幾個世紀的實踐，這樣的概念顯然很容易受到挑戰。為何預測的部分事件從未發生？神靈不是完全掌控人類的生命嗎？有些文化藉由改變他們的占卜的定義來回應這些問題。占卜顯示的不是注定的未來，而是讓人一窺可能的未來事件。未來可以因人類的行為而改變。因此，占卜提供的是通往可能未來的一扇窗，而不是注定不可改變的命運。如今，負面訊息會被視為實用的警示，而非不可逃脫的未來厄運訊息。

今日的占卜經常被定義為魔法的分支，這並非事實。這兩者的操作截然不同。占卜企圖探索過去、現在或未來，然而魔法是主動改變未來的程序。儘管魔法和占卜可以搭配使用，但它們沒有任何關聯。聲稱這兩者是同一件事的人，不是對這兩種操作一無所知，就是別有用心。

運作原理

有許多理論試圖解釋占卜運作的機制，但有些理論僅適用於特定的形式。然而，一般認為我們的行為和想法會產生可延伸至未來的非實體能量波，因此可在某種程度上形塑未來。這些能量波會依據我們目前的速度和方向繪製明日地圖，但許多目的地才剛浮現在地圖的表面，因此我們可以隨時改變路徑。

占卜術可檢視這些占卜者未必能意識到的能量波，同時將其他的力量也納入考量，進而描繪出未來的景象（如果事情持續以目前的路徑進行一段時間的話）。

工具可以各式各樣的方式顯示未知的資訊。其中有些（例如靈擺的使用或沙子占卜）似乎仰賴潛意識心靈，以我們可以理解潛意識流動的方式來產生回應。

其他的技巧則完全不受我們的意識或潛意識所掌控，而是仰賴其他的力量操控物品來形成預測。在這些通常最可靠的形式中，我們只是提供工具，接下來就讓它們發揮作用即可。

主要的占卜種類

在研究歷史上各種文化使用的上百種占卜術時，學者們將占卜分為兩種基本形式：**操作型占卜**和**自然占卜**。操作型占卜包含用操控工具（煙、水中的油、蛋、骰子、紙張、刀子、石頭等等）來判斷未來。這類工具因這明確的目的而用於特定的形式中，這些代表了占卜術後來的發展。

自然占卜包含觀察自然界中發生的現象。為了祈請自然物理現象展現揭露未來的預兆，我們會刻意選定特定的時間和地點進行占卜。隨意觀察可能隨時意外發生的預兆並不是真正的占卜。在預兆發生之前，必須先有請求給予訊息的動作，才能被歸類為占卜，而這樣的預兆被稱為**誘發預兆**。

有些預兆由我們周圍的世界所形成。鳥兒的飛翔或現身、動物的行為、對星辰和雲朵的觀察、風的動向，以及流星和閃電的突然出現，都是一些普遍的形式。

✦ 占卜回應 ✦

占卜期間接收到的訊息稱為回應，通常會以三種形式呈現，而技術的性質也決定了訊息的形式。

第一種形式會產生所謂的**二元**回應。產生二元回應的技術最容易執行，而且往往也會帶來最明確的答案。詢問的問題可以「是」或「否」來回答，因此稱為二元。偶爾也會出現第三種選項：「可能」、「或許」，或是「沒有答案」。

第二種回應包含象徵或圖像的創造。這些形式被稱為**象徵性**回應。占卜工具（尤其是水晶球、雲朵、火、煙，以及滴在水中的油）形成可搭配占卜者問題來詮釋的象徵性圖案。產生這類回應的形式並不僅限於回答特定的問題，也能用來判斷廣泛的未來。因此而產生的象徵圖案可用來詮釋如「這將會是繁榮的一年」或是「預期損失」等資訊。

象徵性回應仰賴占卜者的觀察力，以及她或他解讀象徵圖案內在意義的能力。一般而言，只有占卜師熟悉的象徵性圖案會出現，而這強化了成功解讀的可能性（可參考第4章：象徵性思維）。

可產生二元回應的占卜術具有顯而易見的重要性：無須詮釋。然而，只要能以適當的態度使用，這兩種形式都能產生令人滿意的結果（進一步的資訊可參考第3章：占卜的藝術）。

第三種占卜會產生我們可稱為**選擇性**的回應。將許多可能發生的未來事件寫在紙張、樹葉、石頭或其他工具上。接著對這些工具進行操作（擺在有風的地方、隨機選擇），以提供最有可能的預測。

✦ 占卜並非靈性意識 ✦

占卜期間的許多操作程序令人難以理解，但明確的事實是：真正的占卜並不包含使用靈力。要使用這個意識心靈通常難以察覺的知識庫並不仰賴人的能力。因此，不論是否具有通靈能力，任何人都可以成功實行占卜。

當然可能會有人質疑，在進行某些占卜術期間，我們的靈性心靈可能也在同時運作——檢視未來的能量波，接著向我們的意識心靈說明（透過象徵性回應）。在用占卜產生二元或選擇性回應期間，不需要這樣的意識也能運作，這三種系統都能帶來充滿洞見的答案。

有些占卜者仍相信有較高的存有在操控工具，或是用工具排出象徵性圖案來讓我們看見。根據占卜者的精神信仰而定，他可能會接受，也可能無法接受這古老的觀點。這樣的信仰是不必要的，因為即使是沒有宗教信仰的人也能進行令人滿意的占卜。

✦ 過去為何重要？ ✦

有些人質疑為何需要檢視過去才能探索未來。這是基於我們知道我們過去的一切，因為我們曾經有過這些經歷的假設。

那麼為何如此多的占卜術會同時著重過去與未來呢？大多數的塔羅牌陣（見第18章）包含象徵過去與未來的牌卡位置。魔鏡和其他的工具會用來闡明過去，尤其是用來了解稍早發生的犯罪情況。

事實上占卜一直是用於這樣的目的。原因的說明相當簡單：每天，我們都在建構自己的未來。我們做出的每個決定都會影響到明天。當我們面臨艱難的處境時，我們可能會自問：「為什麼？」而答案往往就存在於過去。

儘管我們大多都能記得我們的過去，但我們可能無法對過去與現在進行有意識的連結。我們無法看見我們從自己的行為中收穫成果。如果昨天有人決定坐在火車軌道上二十四小時，然後被火車輾過，那麼他就會感受到過去做出的決定所帶來的後果。

如果我們做出不明智的決定，我們將會因此而受苦。決定不服用重要的藥物可能會導致病情在這週嚴重復發。如果我們任由其他人將我們帶離自己的目標和夢想，我們可能會發現自己過著不滿足也缺乏幸福感的生活。搬到一個每年下大雨時都會淹水的鄉鎮，可能會讓我們的鞋子潮濕。儘管這些都是簡單的例子，但事實上我們大多仍無法將過去的行為與我們的現況相連。

而過去也會影響未來，因為能量流不僅跟隨在我們之後，還會加速追上未來，持續形塑我們的生活。理解過去的能量流動不僅可以回應關於我們目前生活的問題，也能為我們提供關於未來的線索。因此，檢視過去對占卜而言可能極為重要。

占卜仍是神祕的技藝，或許這正是它吸引人的一部分。科學探索與教育在很大程度上剝奪了我們神祕的生活。儘管占卜的目的是釐清未來，但可以用非常浪漫且令人回味的方式進行。這或許可解釋為何占卜自實踐以來的五千年依舊人氣不減。

古代占卜

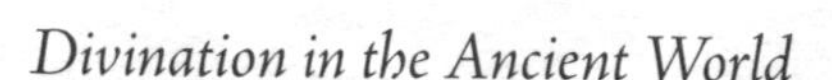

Divination in the Ancient World

2

✦

幾乎所有文化都進行過占卜。這個過程並不僅限於部分國家；這是遍及全球的現象。日本、印度、西藏、中國、南亞、玻里尼西亞、美拉尼西亞、密克羅尼西亞、美洲、澳洲、紐西蘭，以及整個歐洲都常使用占卜。

我在上述清單中略過埃及並非出自疏忽，因為幾乎沒有早期的占卜紀錄（實際使用的占卜術更少）。最大量的紀錄可追溯自希臘羅馬時期、晚期埃及史，但那時的埃及占卜多半混雜了巴比倫、希臘和羅馬的做法。或許早期的埃及人是用記憶或祕傳的方式保存這類資訊，而沒有以象形文字的方式記錄下來，或是記載在神廟的牆上。

在本章中，我們將檢視古巴比倫、羅馬、古希臘和西藏使用的技術。部分其他文化使用的技術將在「附錄1：占卜字典」中討論。

✦ 巴比倫 ✦

在古巴比倫與亞述時期，占卜被視為最重要的科學，因此創造出多種形式的占卜，並用來為當時當地通常充滿不確定和危險的未來提供洞見。所幸我們有一些關於巴比倫占卜的古老資訊來源，我們可以從中想像幾乎所有中東和近東文化實行的儀式概況。

占卜師

有一類特殊的神廟祭司只進行這種古老的做法。我們所知最早的占卜師紀錄可追溯至約西元前一九〇〇年，即古巴比倫占卜。

人們會從較高的社會階級中選出有潛力的占卜師，稱為**天象預測官**（**baru**），並享有極大的特權，也存有這類的祭司（工作內容僅限於解夢）。

天象預測官必須沒有任何的瑕疵：不能缺少四肢、手指或腳趾；視力必須完美；牙齒必須健全。給人的整體印象必須是個健康的人，甚至連青春痘都足以排除學生學習的資格。

而且他們會進行學習，課程非常漫長（在古巴比倫，各種形式的學校教育都非常重要），學生在學習期間會學習各種層面的占卜技藝，因此在任何有需要的時候都可以用上這些技巧。完成學習後，學生們會歷經啟蒙儀式，接著可在神廟裡開業，或是留在統治者身邊，隨時等待統治者詢問關於未來的建議。他們是真正的專業人士。

軍隊要在至少有一位占卜師陪同的情況下才會出征。有時他們也可能擔任將軍。沒有比這更巧妙或恰當的策略：進行占卜的人用占卜來決定作戰計畫。

古代的泥板促使天象預測官任何時候都必須完全誠實，而且永遠會進行複查（即重複第一次占卜）來確認準確性。有時也會接著進行第三次重複的占卜。如果所有的占卜都呈現一致的結果，占卜師會根據占卜回應做出說明。然而，如果複查的結果是衝突的，占卜師會被指示不要做出任何說明，因為還無法判定神的意願。如果祭司保持沉默，或許會在稍後進行同樣的占卜。有些工於心計的占卜師會企圖說服他們的雇主，負面的預兆實際上是有利的，但這類的天象預測官職業生涯大概不會持久。絕對誠實是專業占卜師另一項重要的特質。

如前所述，占卜是用來探索神的意願的方法。在發生國家災難後，占卜師會忙著透過各種儀式詢問神靈為何會發生這樣的事。人們也仰賴占卜來預測未來的困境。因而受到警告的占卜師（或顧客）便能進行祭祀或保護儀式以避開預見的災難。然而，如果未來似乎一片光明，占卜師或顧客會感謝神靈，並在神壇上擺放適當的祭品。

過去會用到許多技術（儘管大多已失傳）。事實上，唯一留存的資訊源自部分的阿卡德（Akkadian）泥板，當中記錄了古巴比倫時期的這類儀式。然而，在巴比倫之前的偉大文明：蘇美無疑也使用類似的占卜術。

有些做法僅供國王使用，有些供上層階級使用，也有一些窮人（無法負擔通常必要的獻祭）的做法。

從其他國家傳入的占卜術在巴比倫找到了可進一步發展並使用的沃土。另一方面，許多希臘羅馬的占卜法是直接根據巴比倫的做法而來。隨著這些技術的流傳並持續在整個古代世界裡實行，有些技術也變得相當複雜。某種程度上，占卜已經成長至被視為非常嚴謹的技術。

占卜形式

占卜師使用的技術包括觀察鳥的飛行、將油或麵粉倒入水中、燃燒特殊的木頭並研究形成的煙霧、引發預兆、卜卦、孵夢，以及研究獻祭動物的內臟等等。

有些微不足道的占卜形式在我們眼中似乎相當奇怪：為了探索占卜者是否被愛，她或他會將一隻青蛙埋在沙子裡，並將青蛙留在沙子裡七天。接著將骨頭挖出，扔進河裡。如果骨頭沉沒，代表存有的情感是恨，如果浮起，代表是愛。

有一種古怪的占卜法是要將水灑在躺在地上的牛額頭上三次。這隻被灑水的動物接著會做出十七種反應之一，每一種都預示著特定的事件。例如，如果這隻牛打噴嚏並站起身來，占卜者（或顧客）便能實現所有的願望。如果牛只是打噴嚏，但並沒有起身，那願望就不會得到滿足。

油占

油跡觀察（Lecanomancy），即油占，似乎很早就在中東發展，並持續由許多忙著彼此征戰的文化所使用。類似的儀式確實今日仍在實踐中（關於這項技術的具體說明可參考第17章：其他的占卜形式）。

在實行這項占卜時，天象預測官會盤腿坐，同時將一碗水擱在他的腿上。他將少量的油倒入水中，漂在水面上的油會產生各種變動與形狀，因而透露出好或壞的跡象。這曾用來探索可能的出生、未來的戰役或和平的時期、從疾病中康復的機會、可能的事業成功或失敗，甚至是適合的伴侶。

類似形式的占卜則需要將麵粉倒入水中。關於這項做法的資訊較少，但似乎可以透過麵粉會快速下沉或浮起、形成小球，或甚至是形成可辨識形狀等變動來提供回應。

煙霧占卜

煙霧觀察（Libanomancy），即從悶燒的香或火中解讀煙霧的技巧，也是古巴比倫的做法，但沒有留下太多的資訊。這項技術最早的實踐者與現代文明相隔已有數千年之久，只有兩份描述這項技術的古泥板文本流傳了下來。

我們確實知道占卜師會將香爐擺在腿上，他將芳香植物材料（通常是松木屑）扔入香爐中的煤火中，透過煙霧的動向便可探測未來（進一步資訊可參考第9章：火、蠟燭、煙和灰）。

人們認為油跡觀察和煙霧觀察是著名的蘇美國王西巴爾（Sippar）的恩門杜蘭納（Emmeduranki）傳給後世占卜師的珍貴遺產。這些形式的占卜成本較許多其他的占卜要低得多，例如**臟卜（extispicy）**就必須要檢視祭祀動物的內臟來獲得所需的回應。即使是最貧窮的市民，都能負擔得起僱用占卜師來執行這類的占卜。

預兆

或許最著名的占卜形式就是預兆的誘發與詮釋。儘管巴比倫人無時無刻都在觀察預兆，但他們還是將誘發預兆和自然預兆明確地區分開來。這兩者都被視為可高度精準地預測未來，而現存的泥板包含幾百個可能的預兆，以及他們以極詳盡細節敘述的詮釋。

預兆來自人生從出生到死亡的各個階段，諸如城市裡的事件、房屋的建造、不尋常的聲音、水坑、動物和昆蟲的移動與行為等不勝枚舉的狀況。

在詮釋各種預兆時會使用一些具體的規則。任何發生在左邊的都是有利的；右邊是不利的。同樣的詮釋規則也適用於移動（動物、昆蟲、鳥、流星等）。

有時也會刻意誘發一系列的預兆進行觀察，但這些預兆可能會彼此衝突，因此占卜師會遵循以下的規則：如果大多數預兆是正面的，只有少數是負面的，那前景就是有利的。如果大多數預兆是負面的，那就是不利的。

水的神裁

另一種巴比倫占卜形式包含神裁。一位被懷疑犯罪的人會被扔進河中，如果她或他沉沒，代表他確定有罪。但如果河水不讓這個人沉入水中，則證明他無罪。水在沙漠中是神聖的可用資源，絕不會懲罰無辜的人。（明顯類似中世紀與文藝復興時期歐洲常見對女巫嫌疑者進行的**游泳測試**（**swimming**），但後者是用**她或他浮起**來判定有罪；唯有人沉至湖底或河底才能證實無罪。不論是何者，結果通常都是死亡，巴比倫人的標準似乎較為人性化。）

卜卦

最著名的古占卜技巧也包含卜卦。蘇美人使用的是竹籤，亞述人使用的是黏土骰子，而巴比倫人使用的是骨頭骰子。

過去會用卜卦來選出公職人員，但也會用來占卜未來。不管是哪種情況，人們都認為卦象是由神靈所操控，並透過骰子或籤來顯示祂們的意願。

占星與天文現象

許多人以為占星學是在古埃及成形的，然而所有現存的紀錄都證明美索不達米亞才是占星學的發源地。而當我談到巴比倫占星學時，我指的並非現代占星學。確實今日大多數占星家對於將占星納入占卜的概念感到難以置信。但現存最早的紀錄仍顯示這古老的做法源自對行星位置、行星的出現、月相，以及其他被認為會影響巴比倫人生活等天文現象的觀察。換句話說，占星學源自預兆的觀察形式。

占星學發展自中東並不令人意外。古代的天空通常沒有雲，也不會有太多來自鄰近城鎮的燈光在空中閃耀，因而可以對天空進行極其詳細的觀察。幾世紀的觀察促使巴比倫曆的發展（確實不如埃及曆來得精確）。這是辨識星座重要的第一步，也是占星學必要的開展。

最早且最簡單的占星形式包含觀察天象，這被視為是最直接了當的預兆。然而巴比倫人並不相信星辰可以決定人的命運。更確切地說，他們相信是神靈移動周圍的星辰和行星（或改變它們的出現）以提供警示或其他關於未來事件的訊息。

約在西元前一七〇〇年，一系列泥板記下了超過七〇〇〇個天象預兆和觀察，闡明了這對早期巴比倫人的重要性。這些泥板和其他文本記載的行星、恆星和月亮預兆的範圍相當驚人。

占星學就是在這些觀察中逐步演變成判定未來的工具。現存最早我們可以辨識為個人天宮圖的例子可追溯至西元前四一〇年。這份紀錄顯示這名孩子出生時月亮在天秤，金星在金牛，火星在雙子，木星在雙魚，土星在巨蟹等等。這是發現黃道十二宮後才有可能的發展，而這似乎發生在約西元前七〇〇年。早期大多數星盤都只有非常簡潔的解讀，許多僅敘述未來看似順利。其他則顯示這個孩子的未來會貧困或長壽。

大多數天宮圖似乎是為國王和官員計算的，並非每個人都能取得天宮圖。

許多書籍都有記載關於占星學作為揭露未來的科學發展史，而這簡短的章節僅是為了說明占星對古巴比倫的重要性。

預防儀式

如前所述，預兆經常被視為即將到來的厄運警示，不論是個人還是更大規模的厄運。因此，巴比倫人發展出許多簡單和複雜的淨化儀式，稱為**南布爾比（namburbi）**，目的是辟邪安神、改變未來。

專門驅魔的神職人員似乎會執行部分（但並非全部）的儀式，尤其是為了回應可能會影響到整個城市的災難預兆。南布爾比包括漫長的祈禱和一些相當奇特的行為。預兆文本有時同時包含預示和必要的淨化儀式，以避免負面的預言實現。

例如，如果有人在新年的第一天醒來時看到蛇從洞裡出現，而且蛇似乎看著這個人，那麼這個人確定會在接下來的一年內死去。為了避免這個災難，這個人會被指引去刮除頭部和臉頰的毛髮。這個被預先示警的人可能還是會生病幾個月，但他最終會康復，成功改變預示的未來。

在古巴比倫的時代，占卜是受到珍視的技術。占卜師對於他們的活動相當認真，而且各種形式的靈驗度似乎都不容置疑。也有一些不誠實的占卜師，但不誠實的是操作者，而非技術本身，然而占卜有時會因此而不被人信任。

歷史上大多數的文化都曾執行各種形式的占卜。然而在古比巴倫，這項技術受到極大的尊崇，或許是未來也很難再度達到的發展顛峰。

✦ 羅馬 ✦

關於占卜的主題，最被廣泛引用的羅馬作家包括李維（Livy）、艾斯奇勒斯（Aeschylus）、艾尼亞斯（Aeneas）、西塞羅（Cicero），但也有不少的其他作家曾提及占卜（或褒或貶），因此幾乎沒有理由質疑占卜對羅馬帝國的重要性。

羅馬占卜被視為與男神和女神們溝通的方式。廣泛的社會階級都會實行占卜，儘管當然有專門負責占卜的神職人員。在羅馬持續擴張帝國時，人們經常會請教這許多的占卜專家，而且也不斷需要預示戰爭的結果。

誘發預兆的方式有很多，有些源自當地，有些是由他們伊特拉斯坎（Etruscan）文明的祖先所創造的，儘管其他的是從巴比倫傳至希臘，然後再傳至羅馬。其中的做法包括：

- **孵夢儀式**和隨後的詮釋。儀式後，需要神靈回應的人要在神廟裡過夜。神靈會出現在夢中，揭示所需的答案。
- **預兆的解讀**。如同巴比倫人和希臘人，羅馬人也是難以自拔的預兆觀察者。他們將預兆分為兩類：誘發預兆和非誘發或自然預兆，即不是為了回應占卜者的祈求而出現的預兆，而是神靈憑自己的意志創造的預兆。

來自肉食性鳥類的預兆被視為這類資訊中最可靠的來源。有時會在詢問問題之後看到天空中有鳥兒突然出現。人們會觀察鳥兒的數量、飛行方向及其他因素。

觀察聖雞進食的方式也是鳥占的一種。在觀察儀式中保持靜默，將鳥放至一堆食物面前。如果鳥開始進食，而且穀物從牠們的嘴掉落至地面，這是最有利的預兆。但如果牠們拒絕進食，或是用腳將穀物弄散，這就是厄兆。

戰場上的將軍和海軍上將都會養幾籠的聖雞。古羅馬詩人奧維德（Ovid）保存了使用鳥占的一段著名記述。海軍上將普布利烏斯．克勞迪斯（Publius Clodius）在第一次布匿戰爭（First Punic War）期間準備攻擊迦太基人（Carthaginian）。儘管他並不相信占卜，但他還是在戰前進行了一般的儀式：為雞準備食物。結果雞拒絕進食，因此為克勞迪斯帶來災難的預言。憤怒的克勞迪斯派人將雞扔進海中，同時表示：「如果牠們不吃，那就讓牠們喝水。」後來克勞迪斯戰敗了，證明鳥占的結果是對的（這則故事被視為不要拿神聖儀式來開玩笑的警告）。

預兆也來自日常生活的許多層面。其中一個人們經常仰賴的面向來自在意外的時刻偶然聽到的話（當經過兩個正在交談的人面前時）。這些話經常含有和說話者初衷大不相同的訊息。

其他的預兆包含氣候的變化、隕石的出現、動物的行為、人體的行為（抽搐、打噴嚏和手相的先兆）、日常居家生活（例如噴灑出的物質），以及最惡名昭彰的動物獻祭。

儘管最後的**臟卜（extispicy）**僅有富人有能力使用，但絕大部分的一般市民都能進行某種類型的占卜。因為預兆觀察由來已久，而且幾乎不需要花費，這是目前為止所有社會階級最廣泛使用的方法。

顯然沒有任何一種占卜術被認為比其他技術更有效，畢竟是神靈向人類透露了這些方法。祂們故意這麼做的理由，就是要為祂們的崇拜者提供可以與神靈溝通的工具。只要占卜形式仍帶有古代的光芒，就會證實有效。

官方的占卜師確實有時會出現問題，但就像在巴比倫一樣，錯在不誠實的人身上，而不是使用的技術本身。有些占卜師被迫停業，而潛在顧客在挑選預言家時變得更加謹慎小心。作家阿特米多魯斯（Artemidorus）在他解夢的書中警告讀者，不要依賴在古羅馬各地執業的眾多虛假算命師與占卜解讀者。

✦ 古代德國 ✦

這裡所稱的「德國」，指的是維京時代之前幾世紀，日耳曼民族遍布斯堪地那維亞和冰島的地區。這是幾乎沒有文獻記載的早期德國。我們很感激古羅馬作家可以將這微乎其微的資訊流傳下來。一般人較熟知的是維京人的占卜法，但這代表著這些古代技術最早實踐者的最後傳承，距離最早的德國時期已有九〇〇年之久，這只是順帶一提。

占卜在現今已知的德國建立了如此穩固的地位，以至於即使在基督教幾世紀的統治下，西元七四三年首次召開的德國國民會議仍對德國人民持續仰賴占卜的情況示警。幾百年後，新的法令通過，禁止進行占卜。

早期德國人將占卜視為判定神靈分配給他們何種命運的手段。在這方面，他們與當時的大多數其他文化完全一致。塔西佗（Tacitus）和凱撒大帝都證明了日耳曼民族對占卜的信仰。早期日耳曼民族與其他文化的不同之處，在於日耳曼民族完全接受女性作為占卜師的角色，尤其是在抽籤方面。儘管還有不少不清楚的地方，但我們還是可以對這古代民族的占卜實踐形成約略的概念。或許最常使用的技術是卜卦。

卜卦

在這項古老的技法中，人們會透過抽出或操控多種工具來判斷未來。據說神靈會導引籤掉落的方式，就能從中判定未來。

根據羅馬作家塔西佗表示，卜卦通常從祈禱開始。在後來的維京時期，幾乎不變地總是對奧丁祈禱，因為祂是掌管這些技藝的大師，但我們對早期人們對哪些神靈祈禱所知甚少。

參考卦象的流程由來已久，很少改變。塔西佗描述這是使用結出果實的樹上切下的小木條進行的。人們會在這些籤上刻上各種符號。這些工具似乎在每次卜卦之前都會重新更新，然後在占卜師面前的白布上隨機抽出。

占卜師虔誠地祈禱，然後說明需回應的具體問題。占卜師坐在地上，凝視天空，然後從這些刻有符號的木棍中隨機選擇三根。答案會從符號中顯現，可以分開解讀，也可以一起用來解讀心中的問題。此外也常會用額外抽籤的方式來確定最初回應的真實性。

後來的維京人當然也使用類似的方式。我們知道他們會將盧恩符文刻在木棍或木棒上。儘管最早的日耳曼民族使用的符號並沒有記錄下來，但似乎很可能和後來使用的盧恩符文很相似。

有時會用抽籤的方式來選出最適合獻祭的人類犧牲者（從大量的戰俘中）。或許會將每個可能的犧牲者名字刻在木棍上，接著再隨機選擇一根木棍。

和塔西佗相反，凱撒大帝指出占卜通常是由女性執行。在拉丁語中稱為 **matres familiae**。通常是較年長的女性（在這生活艱辛、壽命較短的時期，可能是指三十或四十歲的女性）。由這些女性接收到的神諭會如同男性收到的神諭一樣受到高度重視。

在一個由女性卜卦的著名例子中，古代領導人阿里維斯特斯（Ariovistus）放棄對羅馬征戰的計畫，因為負責進行占卜的女性透過儀式發現，不該在滿月之前採取行動。

其他的德國占卜形式

其他的形式包括觀察鳥、特別為此目的飼養的馬的行為、決鬥（一邊一人，兩名男子進行的戰鬥，來判定雙方戰勝或戰敗的可能）等占卜。但卜卦大概還是所有形式中最受到青睞的方法。

✦ 西藏 ✦

西方人總是將西藏視為遙遠的地方、神祕之地。在某種程度上確實是如此。那裡的人們至今仍接受古老的魔法和占卜形式是日常生活的一部分（據說對日本來說也是如此），還是經常使用過去發展出來的占卜術。儘管或許在我們眼中很不尋常，但這些技術已經實行了好幾千年的歷史。

在以下的資訊中，我使用過去式來討論西藏的占卜形式。然而，請注意大多數的占卜形式仍在使用中，通常會避開共產黨的耳目，但依舊存在。

占卜師

執行占卜的人統稱為**莫巴**（**mopa**）。儘管任何人都可以進行占卜，但大多數莫巴是被稱為**祖古**（**tulku**）的轉世喇嘛。這些人經過重複轉世後成就了大智慧，並持續將這樣的智慧用於今生。達賴喇嘛可能是現今最著名的祖古。

但如果有人想要學習占卜，並開始這麼做，她或他確實還是可以成為莫巴。大多數莫巴都是長者，尤其是女性，而且有些因預測的精準而廣為人知。事實上，為了尋求備受推崇的占卜師的建議而長途跋涉的狀況並不少見。儘管有些占卜師僅是兼職，但有天賦的人往往會仰賴占卜和占星術的解讀，作為他們唯一的收入來源。

幾乎就像各地的占卜師一樣，這項工作唯有在預測準確的情況下才能持續。這有時會導致莫巴在顯示未來時會採用模稜兩可的方式。而象徵也受到廣泛使用。

占卜的原因

各行各業的人都會用占卜來解決日常事務的問題：事業、法律問題、婚姻與生子、尋找失物、新的嘗試是否會成功、疾病與康復，以及即將到來的收穫季節是否會豐收。西藏人顯然相信是心靈創造了占卜接收到的回應。這樣的觀點符合他們一切唯心所造的概念。然而，這樣的信念絕不會減損回應的價值。

西藏占卜的形式

許多占卜技法產生的是象徵性回應，也有些則較為直接。大多數占卜術和其他文化使用的方法有些相似之處。這明顯證明人類經常會求助於類似的物品（或自然現象）來進行預測。

崔（Tra），即窺視預測，方法是凝視鏡子、天空或湖面。透過專注和唱頌祈禱文，占卜師便能創造出未來的影像。有時會有其他人實際看到這些影像，儘管這只是占卜師心靈的產物。和西方的凝視法相同（見第10、11和15章），回應通常是象徵性的，人必須擁有出色的詮釋能力才能解讀這些訊息。

特林巴（**Tring-Ba**）是使用**瑪拉**（**mala**）的占卜法。瑪拉類似念珠，但不帶基督教意涵。確實早在天主教會開始採用念珠之前，念珠就已經使用了幾百年。

瑪拉由一〇八顆的串珠所組成，用於日常的靈性儀式中，是預測未來的理想工具。

在占卜師默念問題時，會將瑪拉握在雙手之間。接著占卜師會隨機改變她或他對瑪拉的握法。雙手之間仍保留一些珠子。這時會用許多固定方式來數這些珠子。最常見的一種是以每四顆珠子為單位來計算。先從右邊開始數四顆，再從左邊數四顆，以此類推。最終會剩下一至四顆珠子。珠子的數量決定了神諭的回應。這樣的程序會重複三次。

在三次重複占卜期間獲得的可能數量組合也會拿來一起解讀。古代文獻列出了數百種這樣的組合，以及對特定問題的意義。

另一種占卜形式是使用添加奶油的燈，類似全世界使用的火觀察技法。人們會仔細觀察火焰的明亮度、形狀和顏色，以及燈芯的表現，作為未來的預兆。這部分並不使用任何的象徵手法，火焰會直接透露回應。

西藏人也會使用骰子和對鳥的觀察來進行占卜。烏鴉被視為這個領域最可靠的物種。

占卜的藝術

The Fine Art of Divination

3

✦

幾乎任何人都可以成功進行占卜。經過練習並真心接受基礎理論，我們便能取得關於過去和未來的資訊，並分析我們的現況（這或許和前者同樣重要或更為重要）。

占卜是極為實用的技術。有些複雜的技法需要多年研究，但本書中介紹的多數技法都不必那麼費力就能執行。除了少數例外，占卜使用的工具都可以極低的費用或免費的方式輕易取得。

在討論技術本身之前，我們必須先檢視占卜的部分細節。以下五章提供豐富的資訊，讓你做好成功占卜的準備。使用在此介紹的資訊只會增加回應的真實性。

✦ 適當的態度 ✦

首先，實行占卜的態度是最為重要的。如果你是出於好玩，或是為了在聚會娛樂他人而進行占卜，很可能你會收到不正確的訊息，或是完全收不到訊息，而這正是因為你沒有認真看待這個過程。這是很簡單的邏輯：當占卜者對神諭的訊息並不是真正感興趣時，那神諭為何要提供準確的回應呢？

在你進行占卜的初期會心存懷疑完全是可以理解的。豐富的占卜經驗最終會讓你相信占卜確實可以改善我們的生活，但你缺乏這樣的經驗。一旦你對這一系列的活動更加自在，並透過占卜的運用獲得對未來的真實洞見，你就能放下這些疑慮，並堅信占卜是可行且極為靈驗的技術。

你對占卜過程的態度可能會依你的靈性基礎而定。如果你是相信靈性或有宗教信仰的人，你可能會將占卜視為更高存有揭露並傳送訊息的過程。即使在占卜初期，這也有助消除所有關於可行性的疑慮，因為占卜可被視為祈求指引和建議的過程。

即使你不是特別崇尚靈性的人(而且也不必進行占卜)，尊重使用的工具和技術還是很重要。它們有點神祕，但也因此值得我們的尊重。

請記住，占卜經常改變歷史進程。它停止了戰爭、推翻了統治者、選定用來建立城市的地點，而且直接或間接地影響了無數人決定他們生活的方式。

只要尊重這項技術、進行的工具，就能得到回應。

✦ 挑選適當的形式 ✦

本書含有進行超過一百種不同種類占卜的詳細教學。選擇如此繁多，可能會讓人難以抉擇要使用哪一種方法。理想上，立即引起你注意的很可能是最有效的方法。永遠都要聽從你的直覺。如果你喜歡植物，**植物占卜**（**botanomancy**）或許是正確的選擇；如果你有在玩牌卡，可選擇**牌卡占卜**（**cartomancy**）。如果你總是為火著迷，這或許是你可以使用的最準確工具。

舉例來說，我總是受到各種形式水源的吸引：河流、湖泊、海洋、泉水，甚至是我童年位於郊區的家在草坪上旋轉的灑水器。在我第一次開始進行占卜時，我立刻使用仰賴水進行的占卜形式。儘管我已採用過多種其他的系統，但與水相關的占卜法仍是最靈驗的。

如果沒有特定的系統立刻引起你的興趣，可使用多種技術，直到你找到最適合你的需求和性格的方法。這應能產生最準確的回應（見第6章：判定）。

沒有理由限制自己只能用一種特定的形式。確實在重要的事情上，你可能會想要使用兩至三種不同的方式來詢問同樣的問題並比較答案。

✦ 問題 ✦

如第一章所述，大多數的占卜形式會產生三種回應：「二元回應」（是／否的回答）、「象徵性回應」（產生影像或符碼），以及「選擇性回應」（選擇具體預測的技術）。以上三者都可以用來回答問題。占卜並不總是用來回答具體的問題。占卜的解讀確實可能會用來提供關於未來的概略見解。儘管如此，我們大多數人都需要對關於未來的具體疑問做出回應。因此，問題是最重要的。

應小心地構思你的問題。你應熱切地想得到回應。明確的問題將產生明確的答案。請運用常識。詢問如「我明年春天會去克里夫蘭（Cleveland）或波特蘭（Portland）嗎？」這類的問題無法以二元系統回答。

上述問題實際上含有三項疑問：「我會去克里夫蘭嗎？」「我會去波特蘭嗎？」「我會在春天去那裡嗎？」在使用只能以是或否回答的系統時，每種可能的未來事件或選擇都必須分開詢問。

以下是一系列典型的問題，在這個案例中是用來尋找一串遺失鑰匙的下落，並透過靈擺的擺動來得到回應（見第17章：其他的占卜形式）。

問：我遺失的鑰匙在房子裡嗎？

答：是的。

問：我遺失的鑰匙在臥房裡嗎？

答：否。（如果得到正面的回答，可略過以下問題。）

問：我遺失的鑰匙在客廳裡嗎？

答：是的。

問：我遺失的鑰匙在垃圾桶裡嗎？

答：否。

問：我遺失的鑰匙在沙發上嗎？

答：否。

問：我遺失的鑰匙在沙發後嗎？

答：是的。

這一系列的問題經常必須涵蓋所有可能的選項。自古巴比倫時期以來一直都是這麼做的，當時官方的占卜師經常會花上數小時為國王列出各種未來可能令人關注的事件。必須重複占卜數次來取得必要資訊的做法或許看似工作量龐大，但實際上只需要花一點點時間。然而，許多技法僅需重複一次，就能提供明確的答案。可寫下、大聲念出或在心裡想這類的問題。不同的系統會使用不同的方法。除非另有說明，否則請使用自己感覺最對的方式。

重複占卜以回答同樣的問題

在某些情況下，回應可能並不明確，或是你可能無法確定神諭的回應。如果發生這樣的情況，最好重複占卜三次。這讓占卜術能夠形成更容易理解的回應，而且可減少自己誤解的可能

✦ 占卜的準備工作 ✦

儘管古代許多占卜形式的設計是為了隨時使用，但有些需要儀式性的準備工作：祈禱、獻祭、焚香和香木、沐浴、穿著特別的服飾等等。今日這些都是不必要的，但如果想要的話，可以在占卜前使用。

這類做法的根本原因非常清楚，因為這可以讓占卜者感到平靜，並讓她或他可以專注在要詢問的問題上。儀式是一種過程，通常是凝聚意識的起源，並用來實現特定的需求。在占卜中，這項需求也包括讓占卜師做好準備，以進行接下來的動作。

如果你覺得需要某種預備儀式，最有效的往往也是最容易進行的儀式。安靜地坐著一會兒，深呼吸，但肺部不必太用力，只要每次吸氣和吐氣時稍微維持久一點即可。想著你的問題，接著進入實際的技術本身。

大多數占卜師都同意，如果情況允許的話，最好不要在即將占卜前吃大餐，因為這據說會讓占卜師**變得遲鈍**（**desensitize**），讓某些如凝視法之類的占卜形式變得較難成功進行。儘管如此，這項預防措施也絕非必要，而且占卜應在有需要時才進行。

無須穿著特別的服飾：沒有神祕的頭飾、神聖的珠寶、滿天星的長袍。傳統上有些技術會在裸體時進行（例如透過鏡子的占卜），但這是不必要的。這主要是象徵性價值：這個樸實無華且大膽無畏的人已經準備好要接收回應了。

適當的占卜時機

有些古代作家會依據行星位置建議某些特定的時刻很適合預測未來，但這是高度複雜的技術，而且未必會產生較好的結果。占卜可以在白天或晚上，可以在任何季節隨時進行。有些人主張在下弦月或滿月期間可以獲得較好的結果。當然，人們可能會比較喜歡在晚上占卜，因為在過程中的干擾較少（儘管這顯然排除了需要陽光的技法）。

詮釋象徵性回應

如果你使用的是會產生圖案或象徵的占卜法，請在接收到訊息後立即解讀。在這細緻的技法中，占卜者必須仰賴她或他的直覺。儘管象徵可能出奇清晰，但也有些需要仔細審視（關於詮釋的進一步討論，請參考第4章：象徵性思維）。

在進行這種占卜技法時，請試著以象徵性方式思考。讓自己敞開心扉接受答案。在心中想著你的問題。如果你還是遇到問題，可重複占卜，可能會出現更清楚的象徵性回應。

缺乏回應

有時你似乎不會接收到任何的回應。有時某些占卜形式也包含「這時可能沒有答案」的選項。如果發生這種情況，請不要絕望。

缺乏回應並不總是失敗的跡象。這可能只表示目前有太多能量同時運作，以至於無法產生準確的預測。如果發生這樣的事，請稍後再嘗試這項技術。

這似乎是內建的安全裝置形式。沒有接收到回應遠比收到不準確的答案要好。如果想要，也可以用占卜來確認為何沒有產生回應。這樣的過程本身就相當具有啟發性。

✦ 當占卜失敗時 ✦

如本書一開始所述，每個決定、想法和行動都可能大大改變我們生命的進程。我們散發的能量波，以及我們生活中他人散發出的能量波，都會改變未來。因此，有時解讀可能會產生似乎沒有實現的回應。

許多占卜形式會形成警告。如果解讀顯示你會在特定的一天捲入車禍，因此你那天不坐車，原因顯然是為了避免車禍，而你已經改變了未來，也因而使預測失效。這並非你選定的技術失敗的跡象，而是因為我們具有改變自己未來的能力（見第7章：改變你的未來）。

儘管有些形式的占卜在解讀上肯定容易出錯（不僅是因為預測的事件，也因為時間的範圍），但讓操作者最自在的方式應能產生最可靠的回應。

會產生不同體驗的原因包括：這對占卜者來說並不是最成功的技法、這並不是最適合特定情況的技法，或是沒有重複至少兩次以上的占卜以提供更深入且明確的資訊。罪魁禍首也可能是模糊的問題。若有必要，可轉換占卜系統。永遠都要確認你的問題已經過適當的構思。

✦ 為他人解讀 ✦

一旦我們對占卜進行探索，而且從中得到許多好處後，想要用同樣的技術來協助友人是很正常的事，尤其是那些正遭遇困難，前來向我們尋求某種協助的友人。

儘管你想提供協助是合乎情理的，但在對至少一種系統熟練之前，不建議為他人進行占卜。而我對熟練的定義是，你已成功為多種場合進行占卜，而且已經可以充分運用象徵性思維。當有人來向你尋求協助，而占卜者卻偷偷地查看書籍尋找占卜回應的意義，沒有比這更令人難堪的了。唯一的例外就是《易經》。

同樣值得注意的是，我們可能會想使用這些技術，在朋友不知情的情況下探索他們的未來。儘管這可能代表我們關心他們是否安好，但這也是侵犯隱私。在這個竊聽裝置和電腦檔案很發達，甚至連機器都會顯示來電號碼的時代，未來或許是我們僅存少數的隱私領域之一。在未事先經他人明確的同意下進行和他人相關的占卜，就是違反道德原則。

如果你確實變得熟練，而他人請你替他們占卜時，請將以下的事銘記在心：

- 你並非專業占卜師，請做好偶爾會解讀錯誤的準備。
- 請明白你正身負重責大任。你讓自己處於可左右其他人的狀況。占卜期間請勿戲謔或開玩笑。維持適當的態度，說話前先仔細思考。可能的陷阱之一也包括會過度深陷神諭的角色。有些人會相信你所說的一切，而且覺得需要和你頻繁會面。在為這類人解讀時，請將會面的次數限制在每週或每月一次，讓他們不要依賴你的建議。你對前來向你求助的人負有責任。

- 除非你將自己設定為占卜解讀師，否則不要為這類的工作收費，但當然不建議這麼做，因為可能會引發當地官員的關切。
- 尋找正面的跡象或反應。如果你預見意外的發生，請不要說「你會在星期二摔斷腿」。
- 理解在為他人占卜時，象徵性形式可能會較難詮釋。如果是這種情況，只要向請教你的朋友描述回應，讓他或她自行解開謎團。
- 最後，而且或許也是最重要的，請告知朋友未來並非無法改變。請說明負面的未來可以透過今天的改變來避免。請摒除所有命運和神的旨意等想法，並讓他們安心。

為他人解讀可以是令人滿足的體驗，但前提是將以上建議牢記在心。

✦ 為自己解讀的危險 ✦

帶著先入為主的概念進行占卜是不明智的。如果你心想「這會告訴我我不會失去我的男友」，那你可能只會看見那樣的答案，而忽略了負面的提示，或是不理會二元法的建議。

意識心靈和潛意識心靈可能會導致我們有意或無意地誤解了回應。這說明了應在占卜前排除一切思緒，只想著問題的重要性，不要想著你想要的答案。

避免將負面的跡象視為正面。不要只因為自己不滿意就忽略似乎重要的答案。古巴比倫隸屬宮廷的一些占卜師為了確保自己能持續受到國王的寵愛，會使用最隱晦且扭曲的推論，企圖將負面的回應合理化為正面的答案，因為國王總是期待得到正面的答案。別讓個人慾望改變了對回應的詮釋。

此外，絕不要讓自己完全依賴占卜，這可能會導致各種問題。我們當然可以根據許多其他的資訊來源來做決定。占卜只是一種額外的訊息來源，它不必（也不該）是我們唯一的資訊來源。或許最好將占卜留給最重要的問題。

簡言之，如果你帶著正向且認真的態度進行占卜、選擇最有效的方法、構思明確的問題、詮釋回應（如有必要），而且不要將先入為主的概念帶入過程中，你應能接收到有幫助的建議。

象徵性思維
Symbolic Thought

4

✦

我們當中具解讀能力的人運用的是象徵性思維。印刷文字不就是一串象徵符號，只是它們的意義是一般普遍認同的？如果我們知道符碼的意義，我們就能形成準確的詮釋。不懂英文的人會茫然地望著這些文字，因為她或他對它們正確的象徵意義一無所知。文盲也是如此。

象徵很可能早在字母表出現之前，就已成為人類存在的一部分。然而，過去的人類大多使用圖案形式的象徵來與靈界和動物溝通。

最早的證據可從世界各地應用於洞穴地板、牆壁和天花板的裝飾中找到。這些象徵圖案出奇逼真地描繪食用動物和非寫實人物。儘管野牛或許並非真實存在，但牆上還是有一隻——象徵性地。

人類最終明白他們可以將圖像作為和其他

人溝通的手段。最早的書面言語形式只不過是一般物體非寫實的小草圖（稱為象形文字）。象形文字用來描繪如動物、太陽和月亮、居家工具、樹和植物等物體。這時還沒發展出文法，因此這些象形文字只是單純串在一起，形成較模糊的句子。但這很適合用來列表，而列表並不需要文法。

迄今發現最早的象形文字，有部分起源自西元前三〇〇〇年的美索不達米亞。隨著幾世紀的過去，它們的象徵意義已經擴大。最終這些象徵成了表意文字，也就是說可以同時用來描繪物體和相關的特質。因此，太陽的象形文字意味著球體和光。植物指的是植物本身和食物；星星也可以代表天空。（書面中文仍由表意文字組構，沒有字母系統。）隨著時間過去，每個象形文字的象徵意義都更加延伸至令人過於混亂的狀況，下一步就是形成更簡單的記錄資訊方式。

象形文字很快就變成非寫實文字。在美索不達米亞，太陽的象形文字變成一系列楔形標記，形成高度非寫實的太陽象徵符號。隨著楔形文字（因書寫形式而得名）的發展，象徵符號不再明顯與物體、力量或通往其源頭的概念相像；因此需要特別訓練才能理解並創造這些符號。必須用象徵性方法來看這些文字。隨著楔形文字的發明，人們越來越走向更複雜象徵符號的使用。

隨著早期文化的進步，象徵性符號擺脫了字母設計的限制。理想、自然力量、人類情感以及神靈，都獲得了實際的象徵形式。犁代表穀神；頭盔代表戰神或戰爭女神。貝殼可代表海洋、食物、旅行和新鮮。許多文化都創造了大量這類的符號，用於交談、文獻和儀式中。

我們本身的文化就具有許多象徵。現代廣泛將心形視為愛情的象徵，就像戴在手指上的戒指一樣。色彩也具有極高的象徵性價值：例如紅色意味著「停止」或「注意」。有些有毒物質的容器上仍帶有骷髏頭的圖案。當在我們的文化中從幼年邁向成熟時，我們也直接被教導如何辨識和正確詮釋這些象徵。

我們被教導象徵佔有一席之地，但口語和書面語言是溝通的終極型態。因此，我們詮釋象徵的能力開始減退。我們甚至是用語言的方式思考：「我不想去，我不想去！」

這並非象徵性思維。象徵當然可以用語言表達，包括口語和書寫的形式，但象徵性思維的重點在於對非字母符號的辨識和詮釋。如前所述，這對所有的象徵性占卜形式來說是最重要的。

一旦你從火中、雲中、水晶球中，甚至是你喝完茶的杯子中看到象徵圖形，通常有必要進行詮釋。如果無法以象徵性方式思考，這是辦不到的。

有時在詮釋占卜回應時不需要深入思考。如果你已經詢問你是否該繼續目前的方向，而你看到一根筆直的木棍上貼著一個八邊形，意思很可能是「停止」，也就是說，請改變你的生活並轉換方向。然而，即使是產生這簡單的詮釋都需要檢視與問題相關的象徵，並找出共同關聯的能力。

有些象徵性回應的形式或許需要花更多心思詮釋。如果遵循以下的技巧，這個過程就會變得簡單許多。

尋找象徵

這或許看似明顯，但我們多數人並不習慣這麼做。如果你看雲就是雲，那你就沒有運用到象徵性思維。不要只看到象徵的外觀，避免因它們的實體結構而眼花撩亂，請擴張你的意識。

依你的象徵體系進行解讀

相信你的直覺。例如，如果你在凝視雲朵時看到一隻狗的圖案，請讓它的內在意義在你心中浮現。如果你將狗視為忠誠且忠實的朋友，你可能會將狗的出現視為正面跡象。然而，如果你總是被狗嚇到，你可能會有不同的詮釋。如果你的寵物狗最近剛過世，這也可能會影響到解讀。

大多數占卜書會列出很長的象徵清單及其正確的詮釋。茶占的解讀尤其是如此。這類的資訊通常沒什麼用，因為這和我們個人的象徵系統無關。使用這樣的系統來預測未來，可能會導致詮釋錯誤。這類的資訊大可以略過。

你要如何探索象徵的意義？不必擔心這個。你使用的占卜工具通常會形成和你對話的象徵符號。在它們出現後，可思考一會兒。如果有問題的話，可結合問題一起詮釋。

允許自己以象徵性方式思考。我們以自然科學為主且超現實的社會並不鼓勵我們使用這項能力。只有作家、理論家和藝術家被允許這麼做，而且甚至連這些人通常也會被斥責是浪費時間。

有時產生的象徵圖案或許看似不具任何具體意義。如果你詢問的是未來的感情生活，結果你在占卜期間只看到一隻青蛙，你可能會懷疑這項技術是否讓你失望了。可能必須更深入延伸象徵性思維。青蛙會做什麼？牠們傍水而居。牠們會跳來跳去。這個象徵可能意味著你暫時不會和特定的人定下來。

此外，沒有占卜系統每次都會產生準確的回應。有太多因素，即第1章提到的能量波和漣漪都不斷在運作。無意義象徵的出現可能也透露出未來的不確定性。如果你發現你就是無法將象徵與你的問題連結起來，你有兩個選擇。一個是進行第二次的占卜來釐清回應，或是等一段時間後再重複占卜。

✦ 培養象徵性思維的練習 ✦

為了這個目的可隨時做這項練習。只需專注一會兒。不論你身在何處（工作中、在公車站、在家、在森林裡），都可以研究身邊的事物。你的視線可能會落在咖啡壺上。

請運用象徵性思維，咖啡象徵什麼？清醒？早晨？每天造訪來喝杯咖啡的朋友？或是你可能會看到鉛筆。這代表溝通？關係中的溝通問題？創意？在這裡你不是在進行占卜，你只是在磨練你象徵性思考的能力。

可一天進行數次，這項練習將為你的心靈做好象徵性思維的準備，讓你在占卜期間隨時可派上用場。這項練習非常快速，應該不會干擾你的生活。

有些人遭遇的困難並不是在詮釋象徵上，而是完全認不出來象徵。如果你有這樣的體驗，請經常練習至少一種象徵性占卜形式。每次練習不超過十至十五分鐘。隨著對意識的重新訓練，你最終就會理解象徵意義。

所幸並非所有的占卜形式都會產生象徵性回應。二元（是／否）和選擇性系統通常非常直接了當。如果你不擅長象徵性思維，而且假如你有關於未來的具體問題，你或許暫時會想仰賴這些技法。

象徵性思維是每個人與生俱來的權利。在某種意義上，這代表了較古老的人類行為形式，而我們穿越時空，回到同時具有實體和象徵兩個世界的年代。

時間的性質

The Nature of Time

5

✦

我們的理智告訴我們時間是存在的。我們看到種子萌芽，樹葉掉落；日升和日落。我們看到嬰兒出生並長大成人。時鐘滴答作響，分秒和小時流逝，而日曆則追蹤日、月和年的過去。

某些亞洲的哲學體系將時間視為幻象（萬物都是如此）。這對我們安排生活來說很有用，而且我們夜裡可以安穩入睡，因為知道醒來時只是一天後，而不是回到十年前。時間被視為便利的工具，我們可以依此安排生活，但它並非真實存在。即使從最簡單的層面來看，我們對時間的感知或許還是有點令人困惑。當你開始閱讀本章時，這是現在。但那個當下如今已成過去。你目前正在經歷的是新的現在，而未來就只在一瞬間。

時間並非普遍法則，它並非像重力般的物理現象。時間是由我們看似自然現象的感知所組成。

任何討論占卜的書，如果沒有簡單介紹部分的時間概念就不夠完整。本章為你提供一些最普遍為人所接受的概念，判斷這些概念是否受到占卜實作的支持，最後則是所有時間概念中最實用的概念。用不同於平常的方式思考時間對占卜師來說很重要，因為占卜師無法斷定時間會不可避免地從A移至B，再到C。唯有以更宏觀，而非過度以物理現象的觀點來看待時間，我們才能成功地審視過去、現在和未來。

最常見且最不抽象的解釋是：時間由單向路徑或流所組成。出生將我們帶到這條流的船上，我們面向下游坐著，可以看見過去，也可以看向河岸兩旁以理解現在，但就是無法向後看我們的未來。我們持續這段旅程，一直到我們離開這個次元空間為止。這項理論並不支持占卜的實踐，因為這說明我們永遠也無法得知未來，未來就是還沒有發生。

有個相關的理論再度將時間視為河流或溪流。我們通常會順著這條河向下漂流，展開我們的旅程。儘管強大的水流促使我們向前移動，但我們仍能透過努力逆流而上，並重新造訪我們曾去過的地方，或是短暫地向前跳躍，看看河灣附近有什麼。這讓我們能這讓我們能夠靈活地感知未來，但這個理論仍將時間視為線性現象，因此並不是那麼適用於占卜。

還有第三個關於時間的概念是用書作為比喻。我們可以從頭開始閱讀一本書，並持續讀到最後，但我們也可以跳到後面看故事會怎麼結束，也就是展望未來的意思。這項理論的基礎是假設未來已經寫好了，因此我們可以看到相關的文字。儘管這個概念可以為占卜的實踐提供支持，但還是依賴命運和命中注定的概念，因此，就占卜的概念而言，**這項理論**並沒有獲得支持。

第四個概念近乎詩意。時間是一直存在的螺旋，我們的生活通往螺旋的中心，但路徑已經設定好了。我們可以從這螺旋的一部分，跳到另一部分，看看過去發生了什麼事，或是未來會發生什麼，接著再回到現在好好生活。而這也是基於宿命論、命運，因此並不符合我們的占卜定義。

然而，有些人認為時間遠比這任何的理論都還要複雜。時間並非線性（直線）移動，而是朝四面八方移動，包含鋸齒形、曲線、圓形和螺旋形運動。就是這樣的活動負責建造我們感知的過去、現在和未來。時間本身被視為與我們物質世界相交的維度；這只是衡量時間的方式，但我們無法用任何方式控制時間。而這也為我們的生活帶來秩序。轉述愛因斯坦的話，時間可預防所有事情都同時發生。

從這個觀點來看，過去、現在和未來並不存在，但卻又同時存在。這再度強調，是我們對事件發生在昨天、今天或明天的感知，提供了建構我們生活的架構。

在第1章中，我們已知過去和現在的行為散發出的能量如何創造我們的未來。可以想成是你站在一片廣大的平原中央，上百條路徑從你的位置向外延伸，每條路徑都代表著過去或可能的未來，而你佔據的位置就是現在。我們可以向下看我們為了來到此時所走過的路，而藉由這樣的檢視，我們可以判斷我們可能會採取哪一條未來的路徑。這就是占卜的過程，即尋找最可信的路徑。然而，我們知道我們可以走不同的路來改變未來。這一切都導向同樣的目的地：未來的當下。

從上一段可以明顯看出，如果不藉助如「過去」、「現在」和「未來」等詞語的使用，我們幾乎無法討論占卜。我們對時間的感知是我們生活中寶貴的盟友，讓我們能將時間視為線性的經驗，即使我們知道事實並非如此。再回到我們先前對時間的印象，我們站在所有路徑的中央，我們正朝中央走去，但同時也在遠離它。

如果本章的資訊看似令人困惑，請明白有少數人（除了哲學家和物理學家以外）甚至一輩子都在糾結時間的性質。我們被教導時間以特定的方式運作，而這讓我們得以用有條理的方式生活。

總結如下：

- 時間是幻象，但是極其寶貴的幻象。
- 今日建構在昨日之上，而明日是建構在今日之上。
- 占卜提供超越時間限制的手段，可以看到過去、現在和未來。
- 現在就存於過去當中；而未來已經在眼前。

實行占卜並不需要有物理學的博士學位，只要改變你對如過去、現在和未來等用語的定義即可。

判定

Determinayions

6

✦

本章包含兩部分。第一部分介紹了一項實用技法，可用來判定在用塔羅回答特定問題時，哪種才是最有效的占卜形式。

第二部分描述四種技法，用來探索已接收預測的時間範圍。這是改版的卜卦。

想獲得令人滿意的占卜表現，這些儀式從來就並非必要。然而，如果想要的話，還是可以使用。

✦ 判定適合的占卜法 ✦

這是我自己創作的技法中較奇特的一種，任何人都可以使用。目的是用來顯示最適合回答問題的方法，這仰賴的是塔羅牌中的大阿爾克那（major arcana）來提供答案（更多關於傳統的塔羅用法請參考第18章）。

在以下的技法中，我們用不同於以往的方式使用塔羅。你不必研究並熟悉塔羅也能成功使用以下的技巧。以下提供的詮釋相當清楚。牌卡並非作為未來本身的象徵（只是指出最適合回答問題的占卜法）。

在第3章中，我表示某種占卜形式可能似乎是最適合你的方法。然而，有時這可能無法進行，或是你可能想要使用另一種形式。這種塔羅占卜可提供快速且簡單的方法來進行這樣的判定。

首先，取得一副塔羅牌。哪個版本都沒關係，但絕不要使用別人的牌卡。去掉小阿爾克那（剩下二十二張牌），正面朝下，擺在平坦的表面上。用雙手洗牌。請求為你挑選最佳占卜術的指引。

隨機選擇一張牌卡。翻開並透過下表解讀最適合的方法（有些牌卡的大阿爾克那會使用不同的名稱）。

0 愚人：沒有應立即使用的方法。

1 魔術師：水晶球占卜術。

2 女祭司：月亮凝視（可直接看著月亮，或是透過水面上的月亮倒影）。

3 **皇后**：植物與香草。

4 **皇帝**：刀。

5 **教皇**：石頭。

6 **戀人**：玫瑰和蘋果。

7 **戰車**：在公共場合偶然聽到的話語。

8 **力量**：火、蠟燭、焚香和煙霧。

9 **隱士**：旅程中看見的預兆；**聖經卦**（bibliomancy）。

10 **命運之輪**：靈擺。

11 **正義**：鳥。

12 **吊人**：**指環占卜**（Dactylomancy）。

13 **死神**：沒有應立即使用的方法。

14 **節制**：葡萄酒。

15 **惡魔**：沒有應立即使用的方法。

16 **高塔**：卜卦。

17 星星：星辰、氣象、天空預兆的誘發。
18 月亮：水。
19 太陽：蠟燭。
20 審判：火。
21 世界：任何形式皆可。

如果你精通塔羅，有些屬性可能會看起來很奇怪，但這只是部分根據傳統的塔羅詮釋而來。這是古老工具的新用法。

若要尋找關於以上這些技法的具體操作說明，請參考索引。

✦ 判定回應的時間範圍 ✦

如我們所見，時間並不真正存在。更確切地說，存在的只是我們將時間視為事件線性發展的感知。這些事件獨立存在於我們的觀察之外，而且確實可用多種方式觀察。

然而，既然我們確實將昨日、今日和明日這類的概念納入我們的象徵性詞彙中（或也可以說是過去、現在和未來），而且因為占卜大多用來揭示未來，我們往往有必要將這些事件置於時間範圍中。預兆下禮拜會發生嗎？還是下個月？明年？

你當然可以參考許多其他形式的占卜來判定時間，但如果你願意的話，可採用下列非常簡單的方法。

這些方法有一些前身。其中一個可愛的版本是吹滿球種子的蒲公英。將有翼種子完全吹完所需的呼吸次數可用來判定事件發生的小時數（視情況也可能是天數或週數）。在蒲公英尚未結籽時，以下的方法會很有幫助。

對於即將到來的事件

為了判定事件發生的可能時刻，可收集十四顆同樣大小且光滑平坦的石頭（園藝店經常會有）。為每顆石頭畫上1至12的數字之一。晾乾後，將石頭翻面，背面也畫上同樣的數字。

將第十三顆石頭塗黑。晾乾後，另一面也塗上同樣顏色。第十四顆石頭留白。

將所有石頭都準備好且充分乾燥後，放入布袋中。說明你的問題：「什麼時候會發生這樣和那樣的事？」將手伸進袋中，取出一顆石頭。如果是有標數字的石頭之一，就代表會發生的時刻。再繼續選擇，並忽略所有其他的石頭，直到你取得黑色或留白的石頭。如果最早抽出的是留白的石頭，代表時刻是早上。如果是黑色，代表的是下午。如果最先取出的既非留白的石頭，也不是黑色的石頭，表示當下還無法回答這個問題。

一週內

這需要不同一組工具。將星期幾的名稱畫在七顆石頭上。增加兩顆留白的石頭，在布袋中混合，詢問何時會發生後如常地取出一顆。如果你選到留白的石頭，可能沒有答案。否則，石頭將會顯示詢問的日子。

接下來的幾個月內

取四顆大小約略相同的石頭。一顆應為白色，一顆綠色，一顆紅色，和一顆棕色石頭。在小袋或碗中混合，閉上雙眼，隨機選出一顆石頭。取出石頭後判定時間範圍：

白色：一個月內。

綠色：兩個月。

紅色：三個月。

棕色：四個月。

一年內

使用同樣的四顆石頭。混合後，詢問關於預測發生時間的具體資訊，並隨機選擇一顆石頭。

白色：冬天。

綠色：春天。

紅色：夏天。

棕色：秋天。

有些人可能會主張這類的技法很可能會無效，因為我們確實可以改變我們的未來，所以或許最好不要將預測定在具體的日期和時間。然而，如果這是用來確定未來事件的明確時間，這可以為我們提供機會之窗，讓我們能夠採取行動來改變負面的未來事件，或是為我們做好發生正面事件的準備（見第7章）。事件未能在預測的時間發生未必表示這項技法失敗，可將這視為未來總是在變動中的證明。

無論如何，請進行複查並確認所有的占卜，直到你可以根據目前的資訊肯定占卜結果盡可能正確為止。如果你接收到衝突或令人困惑的答案，可嘗試另一種系統，或是等下次再占卜。

改變你的未來

Changing Your Future

7

✦

對占卜最常見的誤解之一，就是誤以為這顯示的是我們的命運。這是不正確的，因為在占卜的回應中，未來被視為是可以改變的。這最初是由部分最早的文化所發現的。即使在大多數的宗教教義中，人類也被視為擁有自由意志。

如第2章所示，巴比倫人堅信他們可以透過使用專門的儀式和對神靈的祈禱來改變預見的未來。許多文化也抱持著類似的概念。

如果每次的占卜都能產生正面的回應那就太棒了；如果每次的解讀都透露出未來的快樂、寧靜、令人滿意的愛情、繁榮，簡言之，不會有負面、有害或危險的事物侵擾我們理想的美好未來。

但這很少發生，人類就是人類，我們會犯錯，會任他人牽引而走上黑暗的道路，在應該思考時卻仰賴我們的情緒，或是在我們應該感受時卻使用我們的頭腦。沒有人的人生完全沒有道路上的顛簸，遇見挑戰並加以克服就是我們日常生活的一部分。

確實，我們通常會用勝利來平衡悲劇，用獲得來平衡損失，用更令人滿意的關係來平衡破碎的關係。占卜能夠預測喜悅與痛苦。這我們稍後將在本章的第一部分討論。我們的未來並不是預設的飛行計畫，我們用所做的每一個選擇來創造未來。

✦ 業力 ✦

有人接受業力的學說，但可能會懷疑我們如何能脫離業力的影響。由於現今人們普遍接受業力的概念，在這裡很重要的是從占卜的觀點來進行討論。業力會如何影響生活？如果我們簡短檢視一下這來自東方的概念，就會很容易解釋。

業力經常被形容為對我們的生活帶來直接影響的一種現象。過去的行為（尤其是負面的行為）會透過令人費解的神祕過程回到我們自己身上。這說明了因果關係。如果我們犯了錯，我們會在未來得到教訓，目的是教導我們避免這類的行為。

這些教訓可能會採取我們希望避免的挑戰形式出現。有些人認為業力的影響是不可避免的，甚至有人表示連我們前世的行為都會在今生回來糾纏我們。

許多人將業力視為某種宇宙教師，我們必須出席上課並學習正確的行為。根據這樣的觀點，我們未來至少有一部分是由我們自身的行為所預先決定。

然而，總是有做不完的功課。有些人會使用占卜（或前世回溯）來揭示這些業債。一旦知道問題所在，他們就能採取行動。按照上述的教導比喻，這些人會做功課，讓即將到來的考驗不會帶來太大的痛苦。儘管或許無法逃離業力的影響，但他們能夠處理這樣的過程。

業力課題可以被視為是我們先前人生散發出的能量流返回的現象。因此，就像我們的未來一樣，我們每天都在製造業力。儘管我們可能無法完全逃脫，而必須面對這些課題，但我們當然可以改變目前的行為，用正面的行為並過著正向的生活來避免未來的挑戰、悲劇，以及其他痛苦的情況。

業力課題可被視為是部分的未來預測。做好準備並預先收到警告，這讓我們現在就可以採取行動來盡可能降低業力的影響，同時也學會我們的課題。

✦ 恐懼的絆腳石 ✦

恐懼是強烈的人類情緒，同時也是所有人類的感受中最不理性、有害，且最容易將人困住的情緒。它確實可以摧毀一個人的生活，不論這樣的恐懼是基於事實與否。在占卜中，恐懼經常因關於未來的不祥訊息而生。

因此而產生的恐懼是危險的，因為這可能會助長警訊的實現。我們在有意或無意的情況下透過恐懼為預測賦予生命。坐在屋子裡擔心未來，就是證實占卜會產生真實回應的最佳證明方式之一，但我們不需要用這樣的方式來驗證。

我們顯然需要釋放這樣的恐懼，不要為它們賦予力量。如果做不到，我們的能量流就會以負面的方式重新安排。在這樣的情況下，缺乏積極行動可能是最糟的做法。

人們已開發出許多解決這個問題的技巧。在經典的著作《Positive Magic》（Phoenix, 1981）中，作者瑪琍安．韋恩斯坦（Marion Weinstein）將這樣的過程稱為調解。韋恩斯坦建議可透過簡單的陳述來釋放恐懼。儘管她特別提到這項技巧是來自《易經》的建議，但這也可以成功地用於從任何技法中產生的警告（169-170）。

如果你因為對未來的恐懼而感到痛苦，你可能會想寫下簡短的肯定句，可以是類似以下的敘述：

我為自己的行為負責。我釋放對過去的愧疚感，以及對未來的恐懼。對未來的恐懼無法支配我的生活。我有力量改變我的未來。

一天重複這簡單的聲明幾次，可能對釋放恐懼來說非常有幫助。完成這個動作後（而且你可能需要進行占卜，或許是用靈擺，來判定你是否已經完全成功），是時候正向思考（或專注在正面的事物上），並採取積極的行動了。

✦ 預防負面未來事件的行動與想法 ✦

目前正是開始重新形塑未來的大好時機，而要實現此目的的確切方法主要在於仰賴收到警告的性質，但以下的建議可能需要微調才能用來處理各種警告。

簡單的忠告：在占卜期間收到關於重大事項的警告，永遠都要進行第二次或第三次的確認，才能確保這項技法沒有出錯，或是詮釋產生了回應。

1. 重新訓練你的心靈。專注在正向的未來。確實也可能會產生其他種類的問題，但絕不要想著負面的回應。請完全阻絕這樣的想法，不要將這視為你未來不可避免的部分。

2·使用進一步的占卜來判斷帶來改變的最有效方法。這裡偏好使用可產生是或否的答案的技法，因為已經沒有做出錯誤詮釋的餘地（除非進行占卜的方式不正確）。

3·一次修正一個問題。如果你面臨許多警告，請選擇最負面的一個。一旦你成功達成必要的改變（可透過占卜判斷），請休息一下。稍後再開始處理較不嚴重的問題。

4·根據你的需求採取行動。例如，如果你已經預見某個計畫中的行動會導致你傷心、生病或財務損失，如果你想避免這樣的未來，現在就可以採取行動來改變計畫。

或是你可能會預見人際關係或情感關係上的麻煩。如果是這樣，請重新檢視你對這個人的感覺。可增加溝通，把所有事情都講清楚。

有些關係需要很努力讓雙方在情感上都感到滿足。請不要讓警告實現。

如果是生病的預言，可改變生活方式，例如經常從事溫和的運動，攝取低脂、低鈉的原型食物和更健康的食物。培養積極的人生觀。因為臨床上已證明壓力會導致疾病，請用各種可行的方式來減輕壓力，戒除會消耗生命的習慣。

釋放恐懼後，可每天使用肯定句來慶祝即將到來的正向改變，同時強化意識和潛意識的決心。這些肯定句不要超過一至兩句話；事實上，肯定句越簡潔就越容易記誦。

有人發現要做到真正的改變很難。我們大多很頑固，我們不喜歡改變計畫，我們變得一成不變。如果我們想要成功改變未來，就必須釋放這樣的感受，讓自己變得更靈活。將其他可能的行動方針視為挑戰，而非問題。

5．就像現在這樣為你的人生負起責任。請理解沒有更高的存有預先決定你的人生方向。請朝更平靜的水面前進。同時在他人對你的人生帶來負面影響的期間承擔責任。原諒自己的過錯，釋放愧疚感，然後繼續你創造未來的過程。

✦這類技法的性質✦

有些人主張這些方法仰賴的是我們潛意識心靈的力量，這只對了一半。正面思考和肯定句確實可改變我們的生活，但來自目前行為的能量波會導致更大的變化，而正面思考無法影響許多事件。相信這個概念的人通常認為所有的占卜訊息都由潛意識心靈所創造，因此可以只用這種意識型態來改變未來。

這個理論有嚴重的瑕疵。以下僅是一個例子：每天早晚說肯定句並無法阻止地震，或是預防將導致洪水氾濫的暴風雨，但我們可以採取實質行動，確保自己不會待在這些地區來避免自己陷入這樣的災難。換句話說，如果我們收到地震或洪水的警告，我們可以離開這個區域來避免有害的情況發生。因此，正向思考永遠都必須搭配積極的行動，才能帶來真正且持續的改變。只仰賴你的潛意識心靈絕非明智的行為。

我們認識的人（社交上或工作上）的能量也會對我們的未來帶來重大影響。我們都知道有人認識了新的人或戀人時，會根據新伴侶的希望而完全改變他或她的生活。這樣的變化可能是正面的，也可能是負面的，確實也很可能是收到警告後帶來的刺激。

正面思考並不會直接影響與我們未來交織的他人的能量波。如果占卜顯示這些能量波是負面的，我們或許必須做出艱難的抉擇，看是要繼續這段友誼，還是為了去除他們的能量波而獨自離去，而前者可能是危險的。改變我們的未來確實可能會帶來挑戰。

但這並非不可能，請努力讓它實現，不要讓自己屈服於恐懼。可重複確認所有的警告，以確定真實性。根據你的需求運用正面思考和積極的行動。結束有害或危險的關係。相信自己確實是你靈魂的主人，也是你未來的創造者。將這類概念視為命運和注定是宿命論人士的產物，而這樣的人也無法為自己的生活狀態負起責任。

✦改變正向未來事件的行動✦

但我們可能也會很快發現，儘管有些占卜顯示的未來事件相當正面，但卻不符合我們的願望和渴求。

占卜可能預言當事人即將懷孕。有些女性很樂見這樣的訊息，但也有些人不會那麼開心。如果我們不想要預測的改變，這些訊息也可以視為是警告。

這類顯示為正向的未來事件也是可以改變的。我們確實必須形塑我們的生活來符合我們的目標及願望。顯然我們必須採取一些積極的行動來改變未來：如果上述女性並不希望在這時懷孕，她可以避免在容易受孕期進行性行為。或是她也可以採用更可靠的節育措施。不論是哪種情況，她都可以用積極的行動來改變她的未來。

其他正面的預兆也可用類似方式改變。請運用常識，以堅定的決心行事，並在自己的能力範圍內創造這類改變，重新創造你的未來。

本章敘述的技巧或許看似平淡無奇，確實是如此。你不需要獻祭或唱誦冗長的祈禱文、淨化身心、繞行聖木，或是進行其他神祕的儀式來改變你的生活。正是這對實用性的強調，強化了這系統的容易使用和效用。

如果你有接觸靈性修行，在改變的過程中，你完全可以請求你信仰神靈的支持和力量（這或許甚至是明智的選擇）。然而，不要完全交由你的神靈來創造這些改變，這往往不會帶來任何改變。

隨著你開始閱讀本章，你可能已經質疑過本章的整個前提。到目前為止，我希望你已經明白，真正的力量就在你掌握之中：在今天做出改變，你就能改變你的未來。

Techniques

Part 2

技巧

第二部分

水
Water

8

✦

水是迷人的元素，為土地帶來水分和滋養、淨化空氣、清洗我們的車、沖去我們身體的髒污、提供可進行長途旅行的媒介、讓植物生長以餵養饑餓的人類與動物，並將景觀雕塑成奇妙的形狀。以上的使用讓人類認為湖泊、河川、海洋、泉水和各種形式的水源皆有神靈存在。甚至連人工建造的井都受到人們的敬畏，很少有人將水視為理所當然。

人們一直以來都在對水進行研究，以提供未來的預兆。水的顏色、清澈度、起伏和流動、溫度、河川的高度、海洋的變化，都可以帶來訊息。泉水表面浮起的氣泡、水在大型液體表面形成的漣漪都可以提供線索。

傳統上將水視為陰性元素。水的濕涼象徵著生長和淨化、愛與靈性意識、療癒與平靜。由於上述和其他的特質，難怪水一直持續成為許多占卜形式的人氣工具。

水占（Hydromancy）（用水進行的占卜）據說是由希臘掌管海和所有水域的神祇涅羅斯（Nereus）所創。在古希臘，水占的標準方法是在夜裡為容器裝水。在水碗的四周擺上火把，接著是漫長的祈禱。最後，一位童男或孕婦坐在容器的前方。占卜者會從水面上的倒影看到即將發生的事。然而，水占採納了許多其他的技巧，但這所有的技巧都運用了這最實用的元素。

✦ 水凝視 ✦

其中最簡單的稱為凝視或窺視預測，即用水形成未來的象徵。在執行這項古老的儀式時，請將水倒入藍色的陶瓷碗中。詢問你的問題。在黑暗的房間裡，背對著燈光坐著，凝視水中，而不是水面（有些人會在水中滴入幾滴藍色食用色素或墨水將水染色；使用淺色碗的效果特別好）。

就像用水晶球一樣（見第13章），水可能會變得混濁。最終你可能會開始在它看似平靜的水面下看到象徵。在沒有出現更多象徵後開始進行詮釋的程序。

有些水凝視的操作者偏好將燭光倒映在水面上，也有人會在晴朗無雲的夜晚將碗拿到戶外捕捉月光的倒影，並透過水面上的月光進行占卜。以上三種技術都可以使用。

還有一種與水凝視相關的方法是用葡萄酒。將葡萄酒倒入潔淨的玻璃杯中，在酒杯後方擺放一根蠟燭並點燃。坐在酒杯前，詢問你的問題（如果有的話），凝視被照亮的葡萄酒，尋找出現的象徵。這被稱為**酒占（oinomancy）**。

杯占（Sycphomancy）的定義是用玻璃杯進行占卜（技巧同上）。來源不明。以下步驟讓解讀者得以分辨過去、現在和未來。需用到三種不同材質的杯子。

根據古老的教誨指引，占卜的前三天必須是無風的天氣，而且占卜者必須身穿白衣。在銀杯中裝入葡萄酒，在銅杯中裝入油，在玻璃杯中裝水。窺視銀杯以看到過去，用銅杯看到目前的事件，並用玻璃杯探索未來。在過去、現在和未來都與問題相關時（通常情況也是如此），使用這三種窺視預測工具是最為理想的。

有時也會用裝水的金杯來進行水凝視，但這對大多數占卜者來說始終是遙不可及的。其中一種變化版本是將金戒指放入水杯中。將這玻璃杯擺在鏡子前面，凝視戒指映照在鏡子中的倒影。

天然水體也提供了絕佳的凝視工具。其中以持續有水流注入的平靜湖面或小水池最為理想。坐在湖泊或水池前。排除一切干擾，凝視水中。如果適合的話，可詢問問題，你將會看到你所需要知道的。

最後，將一塊金子扔進水中，水會變得清澈，更有利於進行窺視預測（在這項儀式中或許更常使用銀，而非黃金。這是過去將井視為神聖場所，而且會將黃金或銀獻給井中神靈或隨從神的時代流傳下來的習俗）。

其他的水凝視法包括在海邊看浪、從伸入海中的陸地高點凝視海中、窺視透過水反射在平坦表面上的陽光等許多技法。

✦ 其他形式的水占 ✦

漂浮

除了窺視預測以外，水也可以多種方法判斷未來，其中一種自古希臘時代便使用至今。將某個特定物品（一片麵包、一片樹葉，或其他輕的物品）帶到湖邊或泉水旁。在詢問是非題的同時，將物品扔進水中。如果物品沉沒，代表答案是肯定的；如果物品持續漂浮，或是沉下後又升起，而且還被沖上岸，答案就是否。

若要判斷情人是否忠誠，可將一條圍巾扔至池塘或湖泊表面。如果圍巾漂向北方，她或他自始至終都是忠誠的。如果漂向南方，可能就有這方面的疑慮。

世界各地都會使用一種有趣的水占形式，即上述湖泊占卜的變化版本。將一朵小花放入一個大碗的底部。詢問你的問題，將水倒入碗中。如果一段時間後花浮起，表示答案是肯定的。如果花仍沉在碗底，代表答案是否。如果花先升起，然後又下沉，表示目前還沒有定論(在如古代夏威夷和希臘等時間和空間都遙遠的地方也會使用類似的技術)。

有種類似的占卜只需要三張紙、一個大碗，還有水。在第一張紙上寫下「是」，第二張寫「否」，第三張留白。將紙放入碗中。詢問你的問題並將水倒入碗中。第一個浮至水面上的就是你問題的答案。如果浮起的是白紙，這表示目前還無法產生答案。

若要探索海上的天氣狀況，可將一片麵包扔進井中。如果麵包漂浮，表示將會風平浪靜。但如果下沉，預計會是惡劣的天氣，那天請不要揚帆出航。

✦ 水井與池塘 ✦

水井是有力的占卜工具。如果想知道任何二元問題的答案，可將一顆石頭扔入井中。從石頭沉入井底的過程中升起的氣泡數可顯示回應：氣泡為奇數代表否，偶數代表是。

將硬幣扔入井中的動作仍普遍使用，而且源自古代將重物扔進靜止的水體，並從形成的圓圈數來判斷未來的做法。有時會使用特定形狀的石頭：建議使用一顆方形、一顆三角形和一顆圓形的石頭。將三顆石頭，或是只將一顆石頭扔進水中。觀察水面形成的波動。

水井也用於某種奇特的窺視預測形式。在黃昏或黎明時分獨自前往仍在運作的井。凝視水中。如果你看到象徵，請將它記下。在象徵消失後，將一顆石頭扔進井中。如果你可以聽見石頭濺水的回音，代表這個訊息是真實的。

有種非比尋常的水占形式需要非常具體的條件，但非常值得花時間等待。這只能在夜晚進行。你必須找到一個淺的人工池（我會在噴泉晚上關閉時使用下面的水池）。這個水池裡的水必須是靜止的，附近應有一盞燈照在水面上。等到下雨。雨點廣泛散布的一場小雨是絕對必要的。坐或站在噴泉旁邊，詢問問題。如果光夠亮，就會照亮落在水上的雨滴。每滴雨滴在觸碰到水面時都會形成一個向外散開的圓圈。觀察這些圓圈的大小。如果大多是小圓圈，而且維持不到一秒，答案就是是。如果大多是大圓圈，而且維持的時間較長，答案是否。

聽水

還有一種參考水神諭的方法是坐或躺在流過岩石的小溪或河流旁。沉澱你的心靈，聆聽水的低語。你的心中可能會形成某個畫面來回應你的問題。

金魚

有一種顯然是現代形式的水占會使用魚缸和金魚。將魚缸擺在桌上，擺放一盞明亮的燈，讓光透過魚缸照在魚缸上方和後方的牆上（阻擋光線，讓光束變小；手電筒可能有效）。隨著光透過魚缸，魚的移動將形成牆上的陰影，便可顯示未來。

蒸氣

蒸氣也能提供占卜回應。這需將鏡子掛在牆上，並將一張矮桌擺在前方。在大鍋中注入水，用爐火將水煮滾。將鍋子離火，擺在鏡前的保溫墊上。隨著蒸氣升起，鏡子會變得模糊。你可以凝視起霧的鏡子，或是等待蒸氣凝結，然後從鍍銀的鏡面滴落。水滴本身可能會形成字母，這時便可進行詮釋。

火、蠟燭、煙和灰

Fire, Candles, Smoke, and Ash

9

✦

用火來判斷未來的方法稱為**火占（pyromancy）**。這包括多種技巧，其中有許多已收錄在此，而且可以為我們的未來提供有趣的洞見。

在許多文化中，火被視為神聖的物質。傳說講述英雄人物從神祇手中將火偷走，並將這重要的禮物贈送給他們的人類崇拜者。這項元素與太陽直接相關，因此也與大地的肥沃度有關。但也一直受人畏懼，因為不受控制的火可能會造成災難和死亡。

儘管如此，夢到火仍被視為是好運、幸運和希望的預兆，這顯然是古代流傳下來對此基本元素的尊重。

火可以將固體變成灰並讓最微小的風吹走、帶來溫暖的特性，以及閃爍火焰的神祕性質，都讓它成為一直以來很受歡迎的占卜工具，但在使用上必須謹慎小心。必須遵守所有關於用火的常見安全預防措施。請勿在森林裡點火；在戶外生火時，請將周遭的地面淨空；確保煙囪中的風門已打開；以及不要長時間留下無人看顧的燭火。務必也要使用防火的燭台。

✦ 火 ✦

火凝視

這項古老的技法可能會產生驚人的結果。坐在熊熊烈火前，詢問你的問題，並在火逐漸燒完時凝視著火焰。在火焰中，或是下方閃閃發光的煤中，都可能會出現未來。請以象徵性思維進行詮釋。

最好將凝視時間限制在約五分鐘左右，但無須看錶確認。讓影像在適當的時間出現在你面前。

火的解讀

另一種版本的火凝視是點火，然後依據火的外觀來解讀未來。儘管這些跡象及其意義有許多不同的詮釋，但下表被認為有相當的準確度：

- 如果在撥火後，火熊熊燃燒，代表離家的愛人或親人平安快樂。
- 暗淡的火焰預示著壞天氣的來臨。
- 如果火突然猛烈燃燒，代表很快將有陌生人到來。
- 藍色火焰表示風暴即將來臨。
- 火花四濺表示你不久將收到相當重要的消息。
- 當火似乎發出嗡鳴聲（而非劈啪聲），代表風暴就在眼前。
- 從火中飄出火花代表家中即將發生爭吵。
- 如果火點不起來，代表未來需要付出辛苦的努力。
- 如果火快速點燃，預計會有訪客到來。
- 非常明亮的火是下雨的跡象。
- 發出劈啪聲的火預示著下雪。

• 當火發出訊號，麻煩就在眼前。你可能會看見其他的跡象，並依此進行詮釋。

熱和稻草

烙鐵占卜（Sideromancy）是使用熱和稻草的火占卜形式。用爐火加熱平底煎鍋。小心地將鍋子翻面，擺在耐熱表面上。幾根稻草（不是吸管，而是如小麥、燕麥、大麥等穀物的莖）撒在煎鍋加熱的底部。在稻草開始燃燒並冒煙時，觀察稻草旋轉和舞動，並從它們的動作中探索未來。

火燒法

在一小張紙上寫下關於未來的問題。將紙的正面朝下，擺在平坦且耐熱的表面上。用火柴將紙的一角點燃。如果整張紙都燒了起來，答案就是「是」。如果只有部分紙張被燒毀，答案就是「否」。

草藥占卜（**Daphnomancy**）也是另一種火占卜的形式，做法是將月桂枝或月桂葉扔進火中。如果要為是非題尋找解答，可直接對火說出以下字句：

火、火、祝福之火
帶來我渴望的機運
現在我希望可以看見
即將降臨在我身上的未來。

接著敘述你的問題，同時將五片月桂葉扔進火中或煤塊上。如果月桂葉在燃燒時發出劈啪聲或噴濺出來，答案就是「是」。如果月桂葉靜靜地燃燒，答案就是「否」。

也可以將易燃物品扔進火中，同時問問題。如果物品沒有燒完，或是燒得比平常慢，這是有利的跡象，或代表答案就是「是」。如果物品燒完，代表不利或答案就是「否」。這在技術上稱為**燃燒占卜**（**causimomancy**），是火占的分支。

木頭火柴在火占卜中也扮演著重要角色。詢問一個是非題，點燃一根火柴，將火柴直立握著。如果在燃燒時，火柴頭向左彎曲，代表答案就是「否」。如果朝右彎曲，答案就是「是」。

✦ 蠟燭 ✦

對燃燒蠟燭的觀察是一項歷史悠久的技術，和油燈占卜一起被稱為**燭台占卜**(lychnomancy)。油燈確實是我們今日所知最早的蠟燭前身。而這似乎也是經典的**燈火占卜**(lampadomancy)的現代版，人們會觀察火焰作為未來的預兆(見附錄1：占卜字典)。

過去曾使用一種古怪的蠟燭占卜來探索洞穴裡是否有寶藏存在。人們會將燈籠和蜂蠟蠟燭帶到洞穴裡，將蠟燭綁在自然形成「w」形的榛樹枝上。點燃蠟燭後，占卜者深入洞穴。如果蠟燭產生火花，代表寶藏就在附近。如果蠟燭正常燃燒，表示沒有寶藏的存在。在占卜者到達寶藏的具體位置時，蠟燭的火焰會突然變得旺盛，放射出大量火花，接著會突然熄滅(這就是為何也要攜帶燈籠的原因，用來提供照明)。目前是否還有人在使用這項技法令人存疑，但這是絕佳的例子，顯示人類一直以多種方式仰賴蠟燭來探索未知。

若要執行以下的任何一種儀式，請選擇一個通常沒有風或冷空氣的房間。夜晚是較理想的時間，而且最好將燈光調暗。除非另有說明，否則請使用白蠟燭。

點燃一根蠟燭，擺在燭台裡。坐或站在蠟燭前方，尋找來自火焰或燭芯的訊息。如果蠟燭無法點燃，可能有風暴即將來臨。如果火焰似乎變得暗淡，可能最好暫緩計畫。極亮的火焰是好運的跡象，但如果火焰快速變小，幸運可能只是暫時的。

如果火焰搖晃，可能會有其他形式的壞天氣來臨，或是預示了重大的局勢變化。燭芯的明顯火花代表好消息即將到來。如果火焰在繞圈，或是似乎形成螺旋形，預測將有危險。如果火焰周圍有光暈，代表風暴近在眼前。

另一種蠟燭解讀法是觀察融化的蠟從蠟燭兩側滴下的方式。儘管可使用白色蠟燭，但你可能會想選擇符合問題性質的顏色，各色彩相對應的問題性質如下：

白色：所有問題。

紫色：身分、權威。

藍色：疾病、健康和康復。

綠色：家庭、小孩、出生、金錢、工作。

黃色：調職、一般移動、通過考試、溝通（即將到來的會議、信件、電話）、理論。

橘色：各種實體的行動與活動。

紅色：愛情、人際關係。

粉紅色：友誼。

將蠟燭放入燭台。在點燃燭芯時詢問一個是非題，觀察蠟燭一段時間。如果蠟只滴在左邊，代表答案是「否」。如果滴在右邊，答案是「是」。如果兩邊的蠟相當，表示沒有答案。如果沒有蠟滴下，可稍後再詢問。

要為問題尋找答案有個非常簡單的方法：取得兩根小蠟燭，例如生日蛋糕上的蠟燭。根據上表選擇顏色。將這些蠟燭放入燭台，黏在一塊黏土、一塊泡沫材料，或一塊切半且切面朝下的馬鈴薯上。

同時用兩根火柴點燃蠟燭。舒適地坐在蠟燭前，同時詢問你的問題。先燒完的蠟燭就會顯示你的答案：左邊的先燒完，代表答案是「否」；右邊則是「是」（這些蠟燭很快就會燒完）。

另一種方式是點燃一根蠟燭，詢問問題，然後觀察火焰的動態。如果火焰或燭芯朝自己的方向彎曲，代表答案是「是」。如果朝反方向彎曲，答案是「否」。

也可以使用一種適合用來預測未來幸福，或是為同住者占卜的技法。這種占卜傳統上會在萬聖節或除夕時進行，目的是揭露未來十二個月的運勢。

將兩根蠟燭擺在壁爐架上的燭台裡（如果沒有壁爐的話，也可以擺在餐桌上）。將燭芯點燃，觀察火焰的動態。

如果蠟燭的燃燒狀況良好，帶有明亮的長火焰，預示家中將迎來好運。如果火焰短而暗淡，並發出劈啪聲，或是煙霧繚繞，表示即將面臨麻煩。另一方面，如果蠟燭似乎以正常方式燃燒，那麼對於住在房子裡的人來說，生活也會朝目前的方向繼續前進。

為了判斷來年的狀況，請等到萬聖節或除夕。在那天晚上，點燃一根蠟燭並來到戶外。以順時針方向繞行你的房子，然後回到屋內。如果你可以在蠟燭火焰沒有熄滅的情況下完成這個動作，表示來年會極其幸運。

還有一種較不尋常的蠟燭占卜是運用新鮮檸檬汁顯著的特性。取得一枝沒用過的鋼筆（非原子筆，也非簽字筆，而是曾普遍用書寫的筆尖浸入墨水瓶的鋼筆）。由於既不能使用裝好墨水的筆，也不能用鉛筆，因此可用削尖的短木棍來代替。

將一顆檸檬的汁擠在一個小碗裡。將三張、五張或七張紙擺在一個平坦表面上。用筆沾取檸檬汁，用檸檬汁在每張紙上寫下可能的未來；在此將檸檬汁作為墨汁使用。由於檸檬汁是看不見的，而且很難書寫，請用簡短的文字描述未來。讓檸檬汁完全風乾。

點燃一根蠟燭。將紙條放入碗中。用左手充分混合，接著隨機選擇一張。將選擇的紙張盡可能靠近火焰加熱，但不要讓紙張燒起來。火焰的熱將揭露紙上寫下的未來，因為檸檬汁會變黑，這將判斷可能的未來。

✦ 煙 ✦

薰香占卜（**Libanomancy**）（亦稱為**煙霧占卜 capnomancy** 和**香煙占卜 thurifumia**）是觀察從火、燃燒中的物品，或從焚香中升起的煙。巴比倫人會進行這種占卜，希臘人也是，他們會仔細觀察焚燒獻祭給神靈的食物中升起的煙。許多文化會實行類似的儀式。馬來西亞的游牧民族塞芒人（Semang）每晚會在紮營前生火。如果煙霧筆直升起，表示這個地點是安全的。要是飄進叢林，就有被老虎襲擊的危險，因此會改而選擇其他的地點。

儘管這些是相當古老的技法，但現代的形式至今仍在使用中，其中一種稱為「煙霧解讀」。將一根蠟燭點燃，將一張純白色卡片過火三次，同時問問題（請快速進行這個動作，以免卡片著火）。請用象徵性思維詮釋留在卡片底部的碳沉積物。這可能需要花點心思。

有許多更古老的技法。在戶外安全的地方生火，同時詢問是非題。觀察煙霧。如果煙霧筆直而輕快地升至空中，表示已接收到正面的答案。但如果煙霧沉重地纏繞在火的周圍，答案則相反。

第二種煙霧占卜是燃燒具體物品，並觀察從中升起的煙霧。詢問你的問題，將一把罌粟籽扔進即將熄滅的炭火中。以上一段敘述的同樣方式解讀回應。

也可以將一把雪松刨花（幾乎所有的寵物用品店和許多超市都可以買到）扔至煤炭堆中，同時詢問你的問題，並再度依據上述的第一個方法來解讀預兆。這種占卜源自巴比倫。

有一種更簡單的技法只需要進行具異國情調的焚香。儘管可使用任何種類的香，但檀香似乎可產生最佳結果。將整根香拿在雙手之間，詢問你的問題。點燃後將香固定在香座上，凝視著飄出的煙。煙的外觀和動作可能會向你透露訊息（有關升起煙霧的具體預兆，請參閱上述內容）。

最後，觀察從熄滅的蠟燭升起的煙。如果煙飄向右邊，代表答案是「是」。如果飄向左邊，答案是「否」。

✦ 灰 ✦

用灰燼占卜是來自上述其他形式的合理發展。灰燼是火轉化性質的產物，曾一度受到高度重視，至今仍可用來判定未來。

從熄滅的火或壁爐中收集灰燼。在戶外通常有風的地方，在地面撒上灰至形成適當厚度的長方形。詢問關於未來的問題，同時用一根手指在右邊的灰上寫下「是」，在左邊寫下「否」。將這些灰靜置一晚。

早上研讀這些灰燼。如果兩邊的字都可以清楚辨識，表示這時還沒有答案。如果有一邊被動物足跡、風，或某種其他的力量抹去，剩下的字（「是」或「否」）顯示的就是你問題的答案。如果兩邊的字都不見了，這一樣表示目前沒有答案。

也可以在灰上寫下概括你問題的簡單字句，例如「下個月動身」。隔天早上，你大概會發現部分的字已經被破壞。將剩下的字拼湊在一起，就可揭露未來。

風、雲和鳥

Wind, Cloud, and Birds

10

✦

氣候占卜（**Aeromancy**）（透過觀察大氣現象相關的誘發預兆進行的占卜，包含風和雲的出現）是永不過時的占卜法。天空提供了一個巨大的舞台，可能會發生許多不同的徵兆，而且一直以來都被仰賴作為預測未來的準確工具。

標題也可包含鳥，因為鳥兒會在天空中移動，並大大仰賴風支持牠們的長途旅行。本章詳細介紹兩種氣候占卜形式，以及從鳥身上觀察預兆的古老技法。

✦ 風 ✦

觀察風的占卜是古老的做法，也是氣候占卜的一種，確切的名稱為**空氣占卜**（**austromancy**）。

風始終被視為神祕的現象。無數個世紀以

來，人們並不了解創造出微風、陣風、旋風和風暴的力量。許多人相信風實際上是神靈的氣息，有些人則認為，特定種類的風，尤其是熱風，出自惡魔之手。

有幾種和風有關的技法可以使用。大多數古老的風占卜形式都是在有限的地理位置創造和使用的，在這些地方，已知來自某些方向的風可用來預測事件，但許多相關的資訊已經遺失。然而，目前一般形式的風占卜仍在使用中。

前往幾乎沒有樹或建築物遮蔽風的地方。如果已經起風，請等到氣流變得平靜。詢問一個是非題，然後觀察風的動向。

如果在起風時，風吹向北方，代表答案是有利的；吹向東方，是不利的；吹向南方，不利；吹向西方，有利（你可能需要帶上指南針）。如果九分鐘內沒有起風，代表無法立即得到回應。

萬一突然颳起旋風（有時被稱為「塵暴」），這是不利的預兆。或許必須進一步使用其他技法來判斷這類警告的確切性質。

另一種方法以不同的方式使用風。在五張圓形紙張上寫下五種可能的未來，或是你目前正面臨的五種選擇。在地上畫一個圓圈，將紙放入圓圈中。可能會起風，吹動圓圈裡的紙張。

最後仍留在圓圈裡的紙將顯示可能最好的選擇(或是最有可能發生的未來事件)。如果紙張全部同時被風吹出圓圈，表示此時還沒有回應。如果沒有起風，一樣表示沒有答案(請勿亂丟垃圾，將用過的紙收集起來，並妥善處理)。

一直以來，風也被用於多種巧妙的占卜方式。例如，坐在湖邊(或甚至是泳池旁)。詢問問題並觀察水面。如果起風並在水面上形成漣漪，代表答案是「是」。如果沒有，就是「否」。

✦ 雲 ✦

在晴朗的多風日，雲經常會以奇特的形狀從我們頭上掠過。我們通常將這視為理所當然，或是沒有意識到它們的存在，但我們偶爾也會被它們的外觀所打動，而且好奇為何我們會為它們駐足。

觀察雲來尋找問題的答案，是一種令人愉快且可能具啟發性的占卜法。這也相當放鬆，而且很有趣。對雲的觀察與其他凝視技法直接相關。可能需要象徵性思維才能完全參透這類回應的內在意義。

在天空烏雲密布或積亂雲集結至驚人大小的日子，背對著太陽坐著或站著，抬頭仰望天空（理想上不應是完全陰暗的天氣）。想著你的問題，凝視著雲朵。

研究它們的形狀，但請正常眨眼。雲可能會很快形成象徵，或是你可能知道已經存在的象徵。檢視這個圖像，判斷它和你問題的關聯。這項技法並不總是需要詮釋，如果占卜者熱切地從雲朵中尋找訊息，雲朵可能會以可辨識的形狀揭露明顯的未來。

✦ 鳥 ✦

對鳥類的觀察是一種誘發預兆解讀的形式，稱為**鳥占（ornithomancy）**。長久以來，鳥類被視為具有傳達未來訊息的特殊能力，或許是因為牠們是少數具有飛翔能力的生物之一。

鳥類被視為女神和男神們的信使。這似乎非常合情合理，因為鳥類隨時都可直接飛向神靈。因這些和神靈的互動而具有一切智慧的鳥類，是大多數文化偏好的占卜工具。學者們認為這種做法源自在海上迷航的水手們，因為他們會隨著成群的鳥兒回到岸上。

可從鳥類突然的出現取得預兆：牠們飛行的方向、叫聲、數量、著陸的方式，以及著陸後的動作。有一種特殊的古代鳥占形式是將一隻囚禁的鳥兒放出，並依據牠飛行的方向來判斷未來。

有些古老的文化偏好特定的鳥種，而這些鳥類大多是掠食性的。希臘羅馬人仰賴的是老鷹、渡鴉、小嘴烏鴉和禿鷲，而古代德國人則偏好這簡短名單的前三種鳥類。凱爾特的神職人員求助於烏鴉、老鷹和鷦鷯。這些古代文化的許多英雄人物被形容為具有理解鳥語，且能與鳥類交談的能力，這可能是在暗指他們具有實行鳥占的能力。

羅馬人將鳥占技法發展成高度科學。他們的占兆官會遵循特定的程序：鳥占者坐在山丘的帳篷裡，身著特製長袍，和一名占兆官人員一起畫出可見天空中的一塊區域；預兆將發生在這些範圍內。將祭酒倒出後，鳥占者念祈禱文向宙斯祈求「同意在我畫出的範圍內形成準確無誤的徵兆」。占兆官會根據鳥類的出現和行為表示「鳥兒同意」或「鳥兒不同意」。

過去全世界都在使用鳥占。古阿茲特克人到處流浪，漫無目的地尋找合適的地方來建造他們宏偉的新城市。他們每天都在尋找徵兆。最後，他們看到一隻老鷹停在仙人掌上，嘴裡咬著一條蛇，這顯然是至高無上的預兆，直接導致了今日墨西哥城的建立。這個預兆的圖像如今出現在五顏六色的墨西哥國旗上。

到了一八〇〇年代，曾一度崇高的鳥占在義大利已淪為街頭算命師的活動，他們會飼養訓練有素的長尾小鸚鵡。想算命的人會尋找這樣的占卜者並支付小筆的費用。長尾小鸚鵡會隨機選擇一張紙片來揭露這個人的命運。

有些鳥類仍與占卜訊息相關。例如在美國，紅色的鳥就是預言者。如果你看到一隻，可以許願。如果鳥向上飛或飛向東方，願望就會實現。

近年來的研究顯示，由於棲息地的流失，以及殺蟲劑的持續使用，鳥類正在迅速消失中。目前已採取一些措施來確保鳥類的持續生存，有些物種開始大量回歸，但還是有許多鳥類正瀕臨絕種。在夏威夷，曾經只生活在這些島嶼上的數十種鳥類的歌聲已經沉寂，所幸有許多組織直接參與了野生鳥類的保護運動。

鳥占是有趣的判定未來方式。前往一個有許多樹、水源及鳥兒食物的地方，站或坐著，詢問你的問題，將臉轉向天空，觀察鳥類。

如果有鳥突然從天空的左邊飛向右邊，答案是有利的。如果從右邊飛向左邊，不利。如果沒有鳥出現，稍後再問一次。

如果鳥直接飛向你，且飛到你頭上，這是有利的徵兆，或代表答案是「是」。如果直接飛過你的頭，而且遠離你，表示是不利的，或答案是「否」。

以下是一些在實行鳥占時可記下的其他因素：

1．有些鳥類被視為幸運的，其他則是不幸的（可參考之後的列表）。在左邊看到幸運的鳥會大大減弱正面的意義；在右邊看到不幸的鳥將帶來輕微的厄運。然而，幸運的鳥在右邊，而不幸的鳥在左邊就是明顯的徵兆，幾乎無須詮釋。但是，如有必要，也可略過這項資訊。

2．在你觀察期間循著同樣路徑或棲息在同樣物體上的鳥類數量，也能用來判斷答案：偶數是正面的；奇數是負面的。四隻鳥從左邊飛向右邊被視為是最吉利的徵兆。三隻鳥從左邊飛向右邊是不利的。因此，牠們的數量或許也會納入考量。再次強調，如果是奇數的鳥朝正面的方向飛，請盡可能查明牠們帶來的訊息（在此，「有利」可能指的是對是非題帶來正面的占卜回應；「不利」作為負面回應）。

3．在占卜時聽到的鳥叫也能用來占卜。一至兩聲是正面的回應；三聲是負面的。更多的叫聲表示鳥兒無法立即取得答案。

4．鳥類飛行的高度在這種形式的占卜中也很重要。吉祥的鳥兒高飛，預示萬事大吉；飛得較低，代表較不那麼正向的事件。同樣地，不祥的鳥在高空飛行，代表大凶的預兆；在低空飛翔則凶象減輕。

5．當你開始和你區域的鳥類合作（而且不必是掠食性鳥類，儘管以鷹和鵰為最理想），你可能會發現某種鳥似乎會帶來最好的結果。如果是這樣，那大可以略過其他鳥種的預兆，只依賴這種鳥帶來的訊息即可。

另一種鳥占仰賴一段時間裡特定鳥種的出現。下表以歐美為來源廣泛蒐集而來，但也能輕易擴充至百倍。請注意：幸運的鳥指的是對問題而言的正面回應；不幸的鳥指的是負面回應。

黑鳥：無論何時看到都是**幸運**的預兆，尤其是兩隻黑鳥停在一起時。

藍鳥：快樂的**幸運**象徵。

烏鴉：通常被視為**不幸**的預兆，儘管牠們的叫聲更為重要。一聲是有利的，兩聲是不利的，三聲是有利的。

鴿子：極度**幸運**。預示和平、愛情和快樂。

鴨子：**幸運**。你的關係將會穩定。

老鷹：經常被視為**不幸**，儘管老鷹也被視為影響力和力量的象徵。看到一隻老鷹表示你將擺脫目前的問題並成功崛起。

海鷗：**幸運**。你可能很快會去旅行。如果是商務旅行，可能會取得財務上的成功。如果是度假，你將會樂在其中。

蒼鷺：**不幸**。即將迎來艱難的時期。

蜂鳥：這些有趣的鳥兒的出現是相當**幸運**的，因為牠們預示著愛情、婚姻或懷孕。

雲雀：另一種代表愛情的**幸運**鳥，但雲雀也能用來預測未來的健康或疾病。如果病患看到一隻雲雀停在樹枝上，可判定她或他可能會康復。如果雲雀轉頭不看病人，表示疾病將會持續一段時間。但如果牠直接盯著占卜者看，將會很快康復。

喜鵲：同時代表**幸運**和**不幸**。通常被視為災難的預兆，這種鳥類的數量代表各式各樣的預測。一隻代表不幸。兩隻代表幸福（而且可能是婚姻）。三隻會有愉快的旅行。四隻意味著好消息的到來，而五隻則代表將會有朋友來訪。超過五隻的任何數字都被視為是不利的。

黃鸝：**幸運**。未來將會快樂與平靜。

貓頭鷹：通常被視為**不幸**，因為貓頭鷹在大多數國家都被視為是死亡或災難的預兆，但關於這種鳥的現身也有種截然不同的古老占卜意涵：觀察者將被賦予智慧。

鵪鶉：鵪鶉的出現預示著平靜的家庭生活。**幸運**的鳥類。如果有激烈爭吵，很快就會結束。

渡鴉：儘管渡鴉的外觀是光滑的黑色，但視看見的數量而定，可以是正面的預兆。一隻渡鴉預示著悲傷；兩隻是快樂；三隻是婚姻；四隻是誕生。某些文化將渡鴉視為是所有鳥類中最具預言功能的鳥。同時代表**幸運**和**不幸**。

知更鳥：**幸運**。知更鳥的出現預示著和諧的家庭生活。

麻雀：這是普通的小鳥，在占卜期間出現可確保家庭安寧。相當**幸運**。

燕子：不論是棲息在右邊還是飛向右邊，都是**幸運的徵兆**。未來的喜悅。

鸛：相當**幸運**。未來主要是正面的；可能和小孩有關。

燕子：**幸運**。愛情與幸運。

鷦鷯：未來的**幸運**徵兆。鷦鷯是所有鳥類中最幸運的。

植物與香草

Plants and herbs

11

✦

植物長久以來都被用於提供對未來的窺探，這種形式的占卜稱為植物占卜，會以無數的方式使用植物：將植物放在枕頭下以創造預知夢；將植物種下並觀察它們的成長；作為靈擺使用；扔進水、空氣中或火中。無意間看到的植物可以是各種預兆，尤其是和天氣相關的預兆。有些植物有非常奇特的用途。

在占卜中使用植物的基本原理很明確：它們是（或過去是）生物，比起其他大多數的預測工具，它們與人類的生活有更密切的關係；因此，它們可能具有更準確預測我們生活的能力。此外，某些種類的植物長久以來都被認為具有特定的無形能量，而有些占卜形式會利用這樣的現象。但我必須立刻澄清，在實行植物占卜時無須相信這樣的能量。以下的技術屬於占卜的範圍，而非魔法。

幾世紀以來，世界各地的文化仰賴致幻、麻醉或有毒植物來產生幻象，或是以其他方式來協助占卜儀式。墨西哥中部的維喬爾人（Huichol）對烏羽玉（無刺仙人掌）的使用或許是其中最著名的例子之一。北美、中美和南美的民族也仰賴致幻植物來取得問題的答案。

這類的藥物使用有時被歸類為占卜，但所幸除了少數與世隔絕的民族之外，這種被社會認可的預測形式已經消失。這類的儀式很危險，因為占卜者一旦受到藥物影響便無法控制占卜的運作。此外，身體和大腦在藥物的控制下也會產生很多錯覺。

在使用藥物的儀式裡，無法取得和現在或未來相關的寶貴資訊；因此，在此將不討論這些植物。

我在此列了幾種使用植物來協助探索未來的方法，其他的植物占卜方法可在以下章節找到：第8章：水；第9章：火、蠟燭、煙和灰；以及第14章：關於愛情。

✦ 一般植物占卜 ✦

在五個花盆裡填入同樣的土壤。在同一天的同一時間，在每個花盆裡種下同一種花。確保這些花盆都獲得同樣的日照量（如果可行的話）。為了取得最佳結果，可在滿月當天進行。

在一小片膠帶上寫下預期或希望的未來，然後貼在花盆的側邊。持續進行至五個花盆都分配好五種不同的未來（也能將小徵兆貼在木棍或細樹枝上，然後插入花盆旁邊的地上）。如常地澆水。最早發芽的種子便可用來判斷最有可能在不久的將來發生的事件。

蘋果

用一把銀製的刀從一顆蘋果上削下一條完整的蘋果皮（如果在削皮的過程中蘋果皮斷裂，稍後再試一次，而且把蘋果吃掉）。

成功後，詢問你的問題，並將果皮扔過你的左肩。果皮會在你後方的地板上形成形狀。如果是「O」或「U」以外的形狀，代表答案是「是」。

另一種蘋果占卜和下述的雛菊儀式有關，有很多種變化版本，在此介紹的是最受歡迎的一種。找一顆仍保有果梗的蘋果，詢問你的問題，將蘋果握在左手裡，然後用右手開始扭轉果梗。每次扭轉就說「是」或「否」。在將果梗扭斷時（或就在這發生之前）說的字句將顯示你問題的答案。

雛菊

這或許是所有植物占卜中最著名的一種。你可能知道，就是從雛菊上一片片摘下花瓣，同時說「她愛我，她不愛我」的做法（在適當情況下也可以用男性的他）。在摘下最後一片花瓣時說出的字句將揭露真相。任何類似雛菊的花都可用於這項技法中。

第二種形式的雛菊占卜並不限於愛情相關事務。問一個二元性問題。在摘下每片花瓣時，說「是」或「否」。在最後一片花瓣落下時，答案已經揭曉。

這類程序代表真實的占卜形式，經好幾世紀的實行以來已證實有效。然而，今日大概很少人知道這項技術的悠久歷史（尤其當實行者通常是孩童）。

蒲公英

如果想知道願望是否會成真，以及多快會成真，可找一朵已經長出種子的蒲公英。詢問某個心願是否會實現。用力吹蒲公英種子。如果所有種子都飛走，你的願望很快就會實現。如果還有一些種子沒飛走，可能需要一些時間才能發生。如果還剩下很多種子，表示你的願望不會實現。

另一種方法是在吹蒲公英時，同時想著你的先生、妻子或伴侶。如果所有種子都立刻飛走，代表關係是穩定的，否則可能即將發生問題。

第三種方法：將有翼的種子吹走。如果種子立即掉到地上，答案是「否」。如果種子漂在空中，答案是「是」。

樹葉

無花果葉占卜（Sycomancy）（樹葉占卜）曾經只用無花果樹的葉子進行，但只要樹葉的大小適用於占卜，今日可用任何種類的樹葉進行。

找一片適合的葉子，在樹葉上寫下問題，將樹葉擺在安全的地點。如果樹葉很快乾枯，代表前景並不樂觀。然而，如果樹葉仍保持新鮮，而且緩慢地乾掉，這是有利的徵兆。

有一種相關的占卜法是躺在樹下，聆聽風吹拂樹葉的聲音來形成預言。

也可以在陽光普照、天空晴朗且有清新微風吹拂時坐在一棵樹葉茂盛的大樹下。面向西方以探索過去，面向北方可探索現在，東方則代表未來。詢問你的問題，觀看陽光透過移動的樹葉所產生的陰影，尋找象徵並依你的問題進行詮釋。

也可以用其他方式使用樹葉。想知道來年會快樂還是難過，可在秋天時分來到樹下，因為這時樹葉正在凋零。在樹葉落下時，你從半空中接住的每片葉子都預示著幸運的一週。另一種版本是在春天時站在蘋果樹下，在芳香的蘋果花掉落時接住花瓣。每片花瓣都是一個月好運的徵兆。這是略為困難的技術；樹葉和花瓣會在風中扭轉和飄動，為了獲得成功的結果可能需要一些練習。

洋蔥

洋蔥占卜（Cromniomancy）是使用洋蔥的技法。執行上相當簡單，儘管需花上數週的時間來探索回應。取三顆新鮮的圓洋蔥，將洋蔥擺在可以一段時間不受打擾的地點。將左邊的洋蔥稱為「是」，中間的洋蔥是「或許」，右邊的洋蔥是「否」。第一顆發芽的洋蔥就可以用來判斷你問題的答案。如果發芽點朝向你，更加強了回應的準確度。

玫瑰

有三種使用玫瑰的占卜法可供使用。**玫瑰花瓣占卜（phyllorhodomancy）**是將一片新鮮的玫瑰花瓣擺在你的左手掌心上，接著迅速將右手按在花瓣上。如果產生很大的聲響，這是有利的徵兆，或代表答案是「是」。如果聲音很小，占卜的結果則相反（這項占卜法源自古希臘）。

另一種方式是取得三朵新鮮的玫瑰。將玫瑰放入三個沒有裝水的花瓶裡。將左邊的玫瑰稱為「是」，中間的玫瑰是「沒有答案」，右邊的玫瑰是「否」。在另外兩朵玫瑰枯萎後還保持新鮮的花朵顯示了結果。請每天確認數次以觀察進度。

最後是玫瑰愛情神諭：在水盆裡裝入玫瑰花水（如果無法取得這較為昂貴的商品，可以用清水）。從玫瑰植物上摘下三片葉子。用你想和對方關係變得親密（但卻難以下定決心抉擇）的人為每片葉子命名。將這些葉子擺在玫瑰花水的水面上。在水面上漂浮最久的葉子將顯示你的首選。

植物預兆

從觀察植物來尋找未來的預兆變得越來越困難，因為村莊外不再有草地或大草原，公園通常是種植的植物而且經過維護，野生植物被徹底移除。有些植物努力從破裂的混凝土裂縫之間探出頭來，但很少有植物能夠在這些惡劣的生長條件下存活下來。

這與過去大不相同。過去大多數旅行都是靠步行或騎馬完成的。為了消遣、啟迪和打發時間，旅人們會觀察他們周圍的自然世界。他們會尋找的奇觀之一就是突然意外出現的植物。一般而言，在春天第一個看到某種特定種類的植物會被視為是好運的預兆。

下列僅列出部分特定的植物及其占卜意義：

蘆薈：看到這種常見的植物大量生長（這很少發生）是幸運的預兆。

水仙：儘管在春天第一個看到水仙被視為不幸，但有點奇怪的是，觀察者來年賺到的「金子會比銀子多」。

杉樹：在不尋常的地方看到杉樹是未來損害和挑戰的徵兆。

四葉草：極為普遍的好運徵兆。

乾草：看到大量的新鮮乾草是正面的徵兆。

冬青：好運。

月桂：平靜與善意。

丁香：找到罕見的五瓣丁香是極為好運的預兆。這極為不尋常，但確實會發生。

百合：獨身。

槲寄生：奧祕。

香桃木：看到香桃木開花是好運的徵兆。

蕁麻：挑戰就在眼前。

罌粟：不祥之兆。

玫瑰：看到這種花是愛情的預兆。

紫藤：意外看到盛開的紫藤是忠誠愛情的預兆，或是她或他當時正想著你。

卜卦

The Casting of Lots

12

✦

卜卦（亦稱為**籤卜**）是最古老的占卜形式之一，古巴比倫、希臘、羅馬、德國和其他地區都曾使用過。甚至連參考《易經》而來的中國蓍草卜卦技術也是相關的方法。非洲和大洋洲的卜卦術是要擲出貝殼和其他的物品，並根據一套傳統的詮釋系統進行研判後揭露未來。最後一項卜卦法至今仍在使用中，正如同在部分非洲國家發現的相關系統，但後者是使用骨頭和其他類似的物品。例如在西非的達荷美王國（Dahomean）會向Fa女神祈禱，接著將檳榔扔至地上，從檳榔的相對位置便可占卜未來。

至今仍很流行用抽籤來選人進行特定任務的方式，也是相關的做法。英文有一句話「我的命運（籤）」（my lot in life）和樂透的概念（現在用來判定現金的得主）也是衍生自同樣的做法。加州的選民登記官準備的選民手冊，則是以抽籤順序提供政黨的相關資訊。

今日仍在使用且最常見的卜卦形式，或許就是擲硬幣來判定爭論中的勝利者。儘管這看起來或許像是現代的做法，但實際上這可追溯至古羅馬。在凱撒大帝統治期間，大多數硬幣的一側都刻有他的臉部肖像。當出現分歧時，人們就會擲硬幣讓神（也就是凱撒）決定獲勝者。如果硬幣落地時是臉部朝上，喊人頭的人就是贏家，因為出現了凱撒。

在古代，卜卦似乎是特地為了挑選適合特定社會角色的人所創，即用來判定神靈的意願。從這層意義來說，這有點類似選舉，儘管投票的只有神靈。然而，卜卦似乎也用來獲得廣泛人類生活領域的相關洞見和指引。

本章所述的卜卦形式包含骰子（**擲骰占卜 cleromancy**）、石頭（**投石占卜 pessomancy**），以及木棒和木棍的使用。要創造自己的形式也相當簡單，只要使用新的工具，應用相同的原則和技巧即可。

這種占卜的現代形式包含曾風行一時的石頭或木棒卜卦，人們會將盧恩符文畫或刻在石頭或木棒上，可在參考書目中找到這種做法的可靠指南。

擲骰占卜

骰子或許是最早使用的卜卦工具之一。最早的骰子是用某種動物的關節骨製成的。這些骨頭有足夠的側邊可以將數字或其他符號寫在上面，而且可以快速投擲以進行解讀。或許就在不久之後，人類發現骰子也可以用陶土製作。陶土提供更平滑的表面，有利於書寫和雕刻。陶土骰子或許是今日使用的塑膠骰子的先驅。

儘管這項做法本身很古老，但目前大多數使用的擲骰占卜形式，似乎是在十九世紀末和二十世紀初期確立的。這些現代版本是為了娛樂所創。當時的算命小冊子和書籍包含占卜的骰子使用說明。儘管現在很少使用，但這簡單的系統可以快速提供關於未來的洞見。

所接收到的訊息據說通常會在九天內實現。基於某種奇怪的原因，不建議在禮拜一或禮拜三嘗試擲骰占卜。

擲骰占卜需用到三顆骰子。這種做法有一定的侷限，因為神諭本身決定了訊息（也就是說，它不會回答特定的問題）。請運用你的洞察力來擴大骰子的預測範圍。

進行時，請將三顆同樣大小的骰子放入杯中或雙手之間。用力搖骰後，讓骰子落到一塊絨布上。將骰子朝上那面的數字加總，接著依下表判斷你的命運：

三：這是所能出現的最小數字。不久的未來將會有驚喜。

四：可能會發生某種不愉快。

五：計畫將開花結果；願望將實現。

六：預計會出現某種損失。

七：可能會在事業上遭遇困難、財務問題、流言等。

八：預計可能會受到批評。

九：婚姻；聯合。

十：誕生，可能是小孩或新的計畫。

十一：分離，可能是暫時的。

十二：很快將有重大消息傳來。

十三：悲傷。

十四：友誼；新朋友的協助。

十五：近日內不要展開新計畫。

十六：愉快的旅程。

十七：可能很快必須改變計畫。

十八：成功；將得償所願；所能出現最好的數字。有種類似，甚至是較現代的版本使用的是多米諾骨牌，方法相去不遠。從一堆骨牌中隨機選擇的數字組合便可用來判定未來。

✦ 石頭 ✦

另一種卜卦形式使用的是小石頭（稱為**投石占卜 pessomancy**）。收集十三顆白色和十三顆黑色的石頭（如果你只能找到白色或淡色的石頭，可將其中十三顆塗成黑色）。全部石頭的大小應概略相同。

詢問是非題，同時將石頭放入小布袋或金屬碗中，搖動石頭，重複同樣的動作，接著再敘述同樣的問題第二次和第三次。

閉上雙眼，手伸入碗或袋中，抓一把石頭。將石頭取出，擺在桌面或地面。

計算各種顏色石頭的數量。如果白色石頭多於黑色，關於你問題的答案是有利的。

如果取得較多黑色的石頭，答案就是「否」。如果你取得的黑色石頭與白色石頭一樣多，代表目前沒有答案。你必須稍後再試一次（古夏威夷曾使用相關的做法，而印加人也將成堆的乾玉米粒用於類似目的）。

有種現代的石頭占卜形式顯然源自於歐洲。取得十三顆大小一致的石頭。用白色顏料在每顆石頭上標示以下的文字，只要標示其中一面即可（如有必要可縮寫）：

太陽
月亮
水星
金星
火星
木星
土星
家庭
愛情

金錢
消息
旅行
健康

前七個顯然是包含太陽與月亮的七顆行星。後六個代表生活的不同面向。

在使用這些石頭時，請畫出一個直徑約三十公分的圓。搖晃袋裡的石頭，然後扔至圓圈裡。掉在圓圈外的石頭不納入解讀範圍，落地時空白面朝上的也是。只參考落在圓圈內且正面朝上的石頭。

下列是石頭占卜意義的說明：

太陽：傑出的活動；啟發。
月亮：夢、幻想、多變、變化中的未來、療癒、祕密。
水星：需要思考。
金星：愛情、美麗、憐憫。
火星：鬥爭、危險、爭論、口角、活力。

木星：金錢、就業、商業。

土星：老年、支持、可能有健康問題。

家庭：家庭關係、結構本身。

愛情：感情關係、婚姻、友誼、分離或離婚（如果靠近火星或土星）。

金錢：就業、加薪、帳單、商業、安全。

消息：各種訊息、信件、傳真。

旅行：短期旅行、長期旅行、商務旅行、搬家。

健康：療癒與疾病相關事務。

靠近彼此的石頭要一起解讀。例如，如果愛情出現在消息旁邊，你將收到來自關係或關於關係的消息。如果靠近太陽，關於你關係的一切未來將變得明朗。靠近月亮，你的愛情大多是幻想。如果靠近水星，請重新檢視你的關係。靠近金星，你被深深地愛著。如果靠近火星，準備與愛人發生衝突。靠近木星，你太重視（愛）金錢了。靠近土星，關係可能會很快結束，或是會持續到未來很長的時間。

其他靠近的石頭可以為狀況提供額外的洞見。如果木星出現在金錢旁邊，可參考另一顆最靠近的石頭來判斷回應的性質。如果是消息，你可能會收到關於金錢、帳單或甚至是支票的訊息。

如果經過深思熟慮並帶著智慧進行解讀，這種卜卦系統可產生令人驚訝的結果。

✦ 木籤 ✦

第三種方法相當簡單。取得兩根盡可能筆直的樹枝（最好是從已經砍倒的樹上）。去除所有多餘的樹枝，然後剝去每根木棍其中一側的樹皮。

握著樹枝，詢問你的問題，並將樹枝滾到地上。如果在樹枝完全停止時，兩根樹枝都是剝皮面朝上，代表答案是「是」。如果都是沒有剝皮的一面朝上，代表答案是「否」。如果一根是剝皮面朝上，一根是沒有剝皮面朝上，表示目前無法回應。

這項技法的現代版本使用的是方形的小木片，在每片木片的其中一面標示字母（如同受歡迎的拼字塗鴉 Scrabble 遊戲隨附的木片）。將木片（每個字母可有不止一片木片）放入碗或桶子裡。在問問題時搖動木片，或清空思緒。

將木片倒在平坦的表面上，收集落地時正面朝上的，將空白的擺在一邊，用這些字母拼出可能顯示你未來的字句。你拼出的第一個字通常將與你的問題有關（除非這是如「和」這樣常見的字）。木片形成的更多文字可能會讓你的回應更加清晰明確。

水晶凝視

Crystal Gazing

13

✦

水晶凝視（**水晶占卜 crystallomancy**）是古代透過端詳水晶球來接收關於過去、現在或未來觀點的技法。許多東方和西方文化，都專門為此目的而用真正的石英晶體精心製作了水晶球。水晶占卜明顯和水凝視有關，事實上石英晶體曾被視為永遠凍結的水，大概是真水晶的清涼與清澈讓人產生這樣的信念。

水晶占卜是從古代常見的凝視反射表面（例如指甲和刀片）、水（見第8章）、倒在手上的一灘墨水、火（第9章），以及其他相關的做法發展而來的。這些比起水晶占卜都有明顯的優勢：無須昂貴的工具。儘管如此，在十四世紀，當石英晶體水晶球在歐洲變得更能廣泛取得，富人當然會使用這些水晶球，或是僱人來使用。

有些水晶似乎更早就有人使用。幾乎可肯定

是羅馬人將水晶凝視傳遍全歐洲。有紀錄顯示，早在第五世紀的愛爾蘭就經常使用小顆的綠寶石水晶球（約1.2公分）。其他常用的占卜工具石包括海藍寶石、金綠寶石和黑曜石，會被製成球形和扁平的方形。

有多種使用水晶的方式。最簡單的一種是在昏暗的房間握著水晶，凝視水晶液體的深處。也可以將水晶帶到戶外，朝太陽舉起。接著進行占卜（這幾乎肯定會傷害眼睛，後來也不再有人實行）。

到了十五世紀，水晶凝視成了西歐儀式魔法既定的部分。曾經優雅簡單的技術變得和猶太基督教糾纏不清，轉變為截然不同的做法。

在儀式魔法中，魔法師受到的訓練是要歷經漫長的淨化儀式，背誦冗長的祈禱文，並在執行其他的儀式動作後才實際開始凝視水晶。古老的教誨指引魔法師將水晶放入特製的盒子，或擺在刻有神祕符號和神聖名稱的架子上，也會為水晶塗上橄欖油。有時，魔法師會指示一名青春期前的男孩凝視水晶。這些儀式大多數的目的是為了讓靈體出現在水晶裡。

所幸以上程序都並非必要，而我認識的人裡沒有人相信真的會有靈體出現在水晶裡。在具天賦的實行者手中確實會有影像出現，但都不是透過靈體所傳送。

水晶占卜至今仍在專業占卜師之間流傳，儘管大多數靈媒表示他們實際上並不需要水晶球就能看到未來，水晶球的存在主要是用於裝飾，以及用來讓顧客印象深刻。

儘管水晶凝視是最著名的占卜形式之一，但恰好也是最難掌握的形式之一。此外，適當大小的石英晶體水晶球可能極為昂貴。即便如此，由於人們普遍對這門技術感興趣，可能必須在此進行一些說明。

理想上，水晶球的直徑至少要有6公分。應從石英晶體進行裁切，而非玻璃或塑膠。採用這種尺寸的原因通常是因為水晶越大，就能產生越大的象徵，因此也會越容易看見和進行詮釋。

最佳的水晶球是渾圓而透明的。但這種大小的水晶球通常大多含有所謂的霧狀。所幸這樣的水晶絲毫不會妨礙水晶占卜的實行。

眾所周知，石英晶體是大自然的產物，擁有一套獨特的能量，其中之一包括幫助預言家聚焦的能力。占卜者似乎會被水晶球的中心所吸引，因此可排除心中的雜念。

水晶凝視的目的是在水晶內部產生影像，而非心裡。有些人主張這些影像實際上出現在凝視者的心中，但大多數的實行者並不認同這樣的說法。儘管水晶確實會刺激靈性意識，但創造影像的是水晶球本身。覺醒的靈性意識僅是用來協助詮釋所接收到的回應。

這就是為何水晶凝視需要預言家具備敏感和接受力強的特性。儘管你不必是靈媒，但這確實會有幫助。即使如此，大多數人只要願意相信水晶球，而且對接收到的訊息抱持開放態度，最終都會成功取得象徵性回應。持續練習只會提升這項技術的有效性。

現在進入具體細節。水晶占卜最好在夜間進行，其中以滿月或月亮漸盈期間最為理想。將燈光調暗，但至少留下一根燃燒的蠟燭或一盞燈；房間不應是全暗的。背對光源而坐。

房間應完全安靜：沒有劈啪作響的火源、沒有音樂、沒有轉動的風扇；不會聽到從其他房間傳來的談話聲。聲音可能會讓你完全看不到任何東西，因為這會讓你在過程中分心。

在左手上放一小塊黑色絨布。將水晶擺在黑布上，接著將水晶輕托在雙手之間（也可以為桌子蓋上黑色絨布，將球擺在布上的水晶球底座上）。深呼吸一會兒，放鬆你的身心。

詢問你的問題。詢問水晶的問題可以和過去、現在或未來有關（事實上在一三〇〇年代的英格蘭，水晶占卜被廣泛用來尋找小偷和追回被盜的財產）。

凝視水晶的內部，而非外部的平面或任何可見的房間反射倒影。完全放鬆。有必要時請眨眼，不必傷害你的眼睛。此外，不要專心，你應處於完全相反的狀態。開放你的意識。

有事情即將發生的第一個跡象就是水晶變得混濁。可能看起來像是有乳白色物質在水晶球內旋轉。請放鬆並持續凝視。乳狀物可能會從白色變為其他顏色，但並非所有的預言家都會經歷這樣的現象。最終它會變為黑色。

這時將有影像出現在水晶球內。儘管絕不會看到文字（除非剛好被寫在與你的問題相關的一張紙上），但水晶內形成的象徵通常與你的問題相關。記下你看到的影像，這對之後的詮釋非常重要。不要試圖在實際凝視時解開訊息；請專注在象徵本身。

最後，影像將消失在薄霧中，而薄霧本身似乎將消失，彷彿水晶球被蓋上了簾幕，而這總是代表凝視程序的結束。

用絨布包覆水晶球，安全地擺在一邊，立即詮釋象徵。如果你以象徵性方式思考，這可能出奇簡單。例如，如果你詢問關於一段感情關係的未來，而你看到愛心，訊息已相當清楚（見第4章：象徵性思維）。如果你在詮釋時遭遇困難，可依照接收順序將象徵寫下，稍後再進行研究。

並非所有的水晶回應都仰賴象徵主義。如果你要求找到失物的下落，你可能會從水晶中看到它所在的位置：抽屜、沙發後等等。如果你生活中的某個領域正面臨多種選擇，而你詢問哪一個最適合你，你可能會清楚看到適合你的選擇。

在剛開始進行這項占卜時，許多人認為很難跨越水晶球變得模糊的階段，而這可能會持續幾週。如果發生這樣的情況，可在適當的時間後用絨布將水晶球包起，至少等一天後再嘗試。持續經常練習，總有一天你會看到影像。

在此簡單介紹用鉛玻璃製作的「水晶」球，它們的價格不如真的石英晶體那麼昂貴，但可惜的是也缺乏這種礦石獨特的性質，不過還是有人在使用這樣的水晶球時獲得良好的效果。但不建議使用透明塑膠製成的水晶球，因為很容易刮傷。

隨著你持續使用水晶凝視，你很可能會發現它是所有占卜形式中最令人回味也最真實的一種。

關於愛情

In Matters of Love

14

✦

在十八和十九世紀的歐洲，有數以百計的占卜法僅是為了判斷占卜者未來的感情生活（或最適合的伴侶）所創。這些技法通常會使用任何家庭都能取得的物品，其中有許多會用到植物，也有些仰賴做夢。

這些小技法大多由女性使用。在女性不被鼓勵或允許從商、擁有財產，或是逃避撫養家庭的責任的時代，她們未來的情感生活是極為重要的。她們別無選擇：她們必須結婚生子。因此，年輕的未婚女性經常使用上述的愛情占卜，因為她們想知道該嫁給誰，而如果這樣的結合是幸福快樂的，她們又會生幾個孩子。

幸好時代已經改變，但許多未婚男女還是想深入了解他們的情感關係。在判斷最適合的伴侶、配偶是否忠誠，或是在接收關於某人結婚的未來訊息時，可能會需要一些協助。由於占卜可作為日常生活各個面向的指引，許多技法會與愛情相關也並不令人意外。

我曾在第3章中討論過用占卜來檢視他人生活的不得體。我說過，在這種情況下，應該在儀式之前獲得相關人士的許可。然而，本書在此和其他地方敘述的部分技法似乎違反了這樣的規則。原因何在？當我們在一段情感關係中時，我們會將部分的生活控制權交給我們的伴侶，而他們也是。假設你本著信任和愛行事，確實不是為了窺探，那你便可以使用這些技巧而不必擔心違反占卜規則。儘管如此，如果你對於這樣的做法感到不自在，就不要使用。

有時和我們的配偶溝通可能並不容易。雖然本章所列方法中的大部分問題都可以透過對話或深思熟慮來解決，但如果你的伴侶沒有回應，你還是可以使用這些儀式。如果你還沒有決定要選擇哪位伴侶，這也會很實用。

本章敘述的僅是這些歷史悠久儀式的一小部分。我刻意省略了那些年輕女性探索未來丈夫的職業，以及許多其他不適用於現代的內容。儘管如此，在此涵蓋的占卜範圍已顯示出部分技術驚人的獨創性，同時也表示愛情在我們的生活中始終都很重要。

✦ 夢 ✦

這項技巧是透過在睡前使用特定的工具或行為來產生預知夢。最受歡迎的愛情夢孵夢法是將某些物品放在枕頭下。經常用於這類小占卜的植物包括四葉草、車前草、蓍草、白楊、艾蒿、雛菊和月桂。在入睡時敘述關於占卜者未來愛情生活的問題；答案就會出現在當晚做的夢裡。

在仲夏的夜晚，收集九種不同植物（不必是上列的植物）的花或小枝。將這些植物擺在枕頭下並睡在上面。你將會夢到你未來的愛人。

情人節被視為是占卜未來感情生活最有效的時刻。在這天晚上，若想在夢中看見你結婚對象的臉，請取得兩片月桂葉。在葉片上灑上玫瑰花水，擺在枕頭下（彼此交叉）。晚上躺下時說：

美好的情人節
請善待我，
讓我在夢中
看到我的真愛。

你將在夢中看到未來配偶的臉。

另一種相關的占卜法使用的不是植物，而是鏡子。在五月的第一天，月亮高掛夜空時(任何月相皆可)，在你身上藏一面小鏡子，走出戶外，默默地看著月亮。連續九晚重複同樣的動作。在最後一天晚上，將鏡子擺在你的枕頭下，就會夢到你的愛人。這似乎也一直用來判斷當愛人不在身邊時，她或他的幸福狀態。

月亮在許多愛情夢的神諭中佔有重要角色。在新月首度出現在天空中的夜晚，走出戶外，看著月亮說：

新月，新月，我向汝致敬！
憑藉著你內在的一切效力，
讓我能在今夜看到
屬於我真愛的那個人。
她或他將出現在當晚的夢中。

連續七天晚上，在數七顆星星後就寢。在第七天晚上，你將看見你將結婚的男性或女性。

或是在天空晴朗的夜晚走到戶外。盯著你所能找到最亮的一顆星。眨眼三次，然後上床睡覺，你就會做相關的夢。

檸檬占卜：將兩顆檸檬去皮。將檸檬擺在一小塊薄紗棉布中，然後將這小包塞進你的睡衣裡。如果你夢到你期盼的人帶著兩顆檸檬出現在你面前，代表他或她肯定是愛你的。

從光滑（即非刺葉）的冬青樹上摘下九片葉子。用九個結將葉子綁在一條圍巾上。將這擺在你的枕頭下睡覺。當晚你將夢到你未來的伴侶。

最後還有一個方法是在滿月的夜晚將蘋果切半。在午夜前吃掉其中一半的蘋果。並在鐘敲響十二下後（或是在現代的液晶顯示器的時間轉換至凌晨12點時）立刻吃下另一半的蘋果。上床睡覺，你將會夢到你的愛人。

✦ 紙 ✦

有些愛情占卜仰賴的並非夢本身來產生回應，而是睡覺。在三張紙上寫下三個可能的未來配偶名字。將每張紙摺兩摺，擺在枕頭下。在睡前立刻移去一張紙（不要閱讀）。隔天早上醒來時再移去一張紙。剩下的紙顯示的就是最好的選擇。

✦ 蘋果 ✦

蘋果是非凡的水果，在許多歐洲國家的神話中扮演重要角色，而且在無數的愛情占卜中佔得一席之地。以下僅是部分的技法（可在第11章：植物與香草中找到其他用途的蘋果占卜）。

將蘋果切半。計算蘋果內蘋果籽的數量。如果是偶數，代表婚姻即將來臨。如果是奇數則沒有。如果其中一顆籽偶然被切半，表示情路會有點坎坷。

同樣地，如果想知道某人是否真的愛你，可將兩顆蘋果籽扔進火中，同時說出：

如果你愛我，請爆裂並彈開；
如果你討厭我，請靜靜消亡。

如果蘋果籽在燃燒時會發出劈啪聲，表示這個人對你有感情。如果沒有聲音則沒有感情。

有種古老的占卜法是找出未來配偶名字的第一個字母。站在鏡子前，將一顆蘋果籽黏在額頭上，立刻開始念字母表。在蘋果籽掉落時念出的字母將顯示這個人名字的第一個字母。如果你已念完整個字母表，但蘋果籽都沒有掉落，表示目前還沒有回應。

有一種相關的占卜法，是用兩個可能的特定配偶名來命名兩顆蘋果籽，然後黏在額頭上。在額頭上停留最久的蘋果籽所代表的人確實愛上你了。

第四種蘋果籽占卜似乎最早的紀錄出現在一八四四年的英國，但來源大概更早。將一顆蘋果籽擺在大拇指和食指之間。說出以下的字句：

蘋果籽來，蘋果籽來，躍過我的大拇指，
指引我真愛來臨的方向，
東方、西方、南方，還是北方，
蘋果籽跳進我真愛的嘴裡。

這時用手指用力擠壓蘋果籽。籽在壓力下彈飛的方向代表未來愛情的方位（這可能最適合用於小村落，每個方位都只有幾個人居住，因此可能的愛人較少。這在今日較不具實用價值）。

還有更多的蘋果相關儀式，但我們只會再介紹最後一個。這種占卜同時會用到水果和鏡子，而且經常在萬聖節時執行，因為萬聖節被視為是各種愛情占卜最靈驗的時刻。

在黃昏過後，將一根蠟燭擺在鏡子前。站在鏡子前，以便看到自己的倒影。吃下一顆蘋果並梳頭。很快地，你未來愛人的身影就會出現在鏡子裡，神祕地從你的肩上看著你。

✦ 羅勒葉占卜 ✦

取得兩片新鮮的羅勒葉。一片以你自己為名，一片以你的意中人為名。將葉子放在火上。如果葉子只是靜置而沒有燒起來，或是緩慢且／靜靜地燃燒，代表愛情是堅定的。但如果葉子快速猛烈燃燒，而且發出劈啪聲，表示你們可能很快會發生爭執。

✦ 稻草 ✦

找一根乾稻草。捏住一端，同時說「愛我」。接著捏下一段，說「不愛我」。持續進行至捏完整根稻草。最後一句話就會顯示真實狀況。

✦ 槲寄生 ✦

這是另一種長久以來都與愛情及魔法相關的植物。保留耶魯節（Yule，冬至）後取下的槲寄生。小心地保存一整年。到了隔年十二月該掛新的槲寄生時，將現已乾掉的槲寄生用火燒掉。如果燃燒時的火焰很穩定，表示你未來的伴侶將會穩定而真誠。如果燃燒時發出劈啪聲並噴出火花，表示她或他的脾氣很壞。也可以將新鮮或乾燥的槲寄生擺在枕頭下，就能夢到未來的愛人。

✦ 瓢蟲 ✦

儘管殺瓢蟲是絕不允許的，但你還是可以請牠來判斷愛情的地點。在瓢蟲停在葉片上時捕捉一隻瓢蟲。請瓢蟲顯示你真愛的位置。牠飛走的方向就會顯示你需要的資訊。或是如果瓢蟲似乎想停在你的手指或手上一會兒，可計算牠翅膀上的斑點。如果是偶數，你肯定是被愛的。如果是奇數，答案就是否定的。

✦ 愛情花球 ✦

最後我們要介紹的是使用花球莖的儀式。可使用任何種類的花卉，最好在春天進行。當你不確定配偶或其他伴侶是否愛你時，可將花球莖種在填有適當土壤混合物的花盆裡。如常地澆水並照料。如果發芽的速度似乎比正常情況要快，這是有利的徵兆。請持續觀察。如果開花了，表示你所愛的人肯定是愛你的。如果沒有開花，愛情可能即將面臨危機。

鏡子

Mirrors

15

✦

如前所述，鏡子一直在占卜技術中扮演相當關鍵的角色。最早的鏡子是以拋光的石頭、磨光的金屬或玻璃所製成，就像永遠靜止的湖泊。

在十四世紀之前，很少有人可以確定自己的外觀，只能從他人的描述、畫像、水面模糊的倒影，或是不夠清晰的鏡子，帶給他們關於這個重要資訊的線索。在義大利終於製造出玻璃鏡之前的時代，我們某種層面上很難試圖活出這古老的公理「認識你自己」。

鏡子的象徵是根據反射而來。鏡子是水的象徵，也象徵著月亮，月亮會反射太陽光，因此具啟蒙的作用。部分早期的神祕宗教據說已將鏡子用於他們的祕密儀式中：在入會儀式的某個戲劇性時刻將鏡子呈現在候選人面前。

和其他反射表面的使用不同，真鏡子在占卜

上的運用起源於古代。古希臘、羅馬、中國、印度和其他地方過去都會使用金屬鏡。在征服墨西哥之前，阿茲特克人仰賴黑曜石鏡子作為窺視預測的工具。

鏡子占卜在古羅馬相當受歡迎。這種技法的專家被稱為**鏡面占卜師**（**specularii**），而且經常裸體執行儀式。希臘帕特雷（Patras）的一座穀神殿以在其旁邊的噴泉進行的鏡子占卜而聞名。希臘色薩利（Thessaly）的女巫據說特別喜愛鏡子占卜。

早期，鏡子凝視在整個歐洲也很受歡迎。儘管凝視鏡子在當今時代的前一千年不斷受到教會所斥責，但有無數的案例顯示宗教人士，甚至是教會的要員也在使用。義大利維洛納（Verona）有位主教被發現在枕頭下放有一面背面刻有 fiore（花）的鏡子，他因這異端行為而被處死。

即使到了鏡子可以玻璃便宜製造的現代，我們仍對這無所不在的工具抱持神祕的態度——見證據說因意外打破鏡子而導致所謂的七年或九年厄運。人們持續將鏡子用於魔法與占卜技術中，而且沒有跡象顯示這點在短時間內會有所改變。

鏡子的神祕和誘惑顯而易見：它揭露了我們無法以任何其他方式看到的訊息。儘管它可以向我們展示大量的影像，但實際上還是無意義的。它的世界觀和我們肉眼所看見的正好相反。儘管今日的科學讓我們對光波有所瞭解，但倒影仍被視為有點怪異的現象。

本章涵蓋的資訊兼具實用和歷史價值，部分製造和使用鏡子的古法很難在今日實行。儘管如此，這些古法仍是構成鏡子傳說廣大資料庫的一部分，而且代表許多用來判斷未知事物的獨特方法。

✦ 鏡子魔法的種類 ✦

歐洲最早的鏡子似乎是以高度拋光的金屬（其中以黃銅或銀特別受歡迎）製成的。在用於占卜之前，會先用油或水濕潤以提升反射的特性。即便如此，這些鏡子產生的還是模糊不清的倒影。這類的鏡子會用於美容和占卜。其他的文化會使用石鏡。這些是古代唯二的人工鏡形式，不同於如湖泊等天然鏡面。

但即使在可取得玻璃鏡之後，還是有許多專門用於占卜的金屬鏡。這些鏡子與行星有關，而且必須在吉利的占星時刻製作。每面鏡子都要在特定日期使用，並就特定主題進行諮詢：

太陽鏡以黃金製成。在星期天使用，用來探索關於權威人士或當權者的問題。

月亮鏡以銀製成。在星期一進行諮詢，可有效判斷願望在未來實現的可能性，並用於解夢。

水星鏡由一個裝滿水銀（液態金屬）的玻璃球所組成。在星期三用來探索關於金錢和商業冒險活動等問題的答案。

金星鏡由銅所構成。占卜者會在星期五凝視金星鏡來判斷關於愛情的問題。

火星鏡以鐵製成，會在星期二尋求關於爭論、訴訟和其他類似情況的建議。

土星鏡由鉛所組成。在星期六使用，可顯示失物和未揭露的祕密。

人們也會製作並使用其他的鏡子。一種常見的類型是玻璃球，裡面裝滿了各種物質，軟木塞朝下地放在桌子上，其中一種是裝入純水。過去還有一種人造的水晶球，也會被作為凝視物品使用。近期的書籍則建議可製作類似的球形物品，但大多建議將水晶球裡面的水染成藍色或黑色。

還有一種鏡球形式被稱為麻醉鏡，裡面含有混合了如顛茄、罌粟、大麻和天仙子等麻醉藥粉的水。在水中添加這些藥草大概是為了以故弄玄虛的方式增加球鏡的靈驗度。值得注意的是，這些水並不是用來喝的。

現代的占卜鏡有多種形式，最常見的占卜鏡之一是在凸面塗有黑色顏料的錶玻璃

（或任何類似的圓形凹面玻璃）。這讓沒有塗上顏料的玻璃可以提供反射表面。這種鏡子會以黑色絨布保存，並作為凝視工具使用。

據說美國奧札克（Ozarks）地區的女巫會使用只有三邊鑲框的正方形或長方形鏡。這種鏡子具有向使用者顯示敵人所作所為的力量。這受到推崇的三邊鏡大概與月亮有關（三種月相）。這類的鏡子只有在使用時說出密語才會有效。

或許在所有的占卜鏡中最簡單的一種，就是在鏡框中插入一張空白的黑紙，不使用玻璃。方框在獲取關於物質世界的知識時很實用，而圓框最適合獲取形上學和靈性世界的資訊。這種鏡子可作為凝視的工具。

✦ 鏡子占卜的運用 ✦

這種鏡子凝視形式也可被歸類為水占，因為使用的是水。將一面玻璃鏡帶到湖泊、池塘或溪流旁。詢問一個可以用是或否回答的問題。將鏡子完全浸入水中三次，每次浸入後再取回。在最後一次取出時，凝視著鏡面。如果你的倒影很清晰，代表答案就是「是」。如果影像是扭曲的，答案就是相反的（也能將小鏡子浸入大碗或整桶的水中，或甚至是在洗澡前浸入浴缸中）。如果是在井邊進行，可能必須將鏡子掛在繩子上，然後再放入水中。

如要詢問親人或家人的狀況，可將鏡子擺在只照到天花板的地方，用白蠟燭將房間照亮，坐在鏡子前，凝視著鏡子並詢問「（人名）怎麼樣？」，最終將會出現上述人士的影像。如果這個人似乎在微笑，表示一切都很好。如果這個人在皺眉，則表示不太妙。如果看不見表情，或是沒有出現臉，表示目前還無法提供答案。

在除夕夜會使用一種奇特的未來占卜儀式。前往一棟無人的建築物，坐在地上，將一面鏡子擺在身後，一面鏡子擺在面前。點燃一根蠟燭，擺在自己和面前的鏡子之間。午夜時分，凝視映照在鏡子上的蠟燭火焰。

如果想知道預期的事件是否會真的發生，可使用油蠟筆將問題寫在一面小鏡子上。為鏡子包上幾層布，擺在枕頭下，然後睡在上面。如果你夢到期待的事件，代表事件將會發生。如果沒有，大概不會發生。

最後，在某天陽光照進屋子的時間，將鏡子帶到窗邊。拿著鏡子，讓鏡子可以將陽光反射至天花板上。觀察因反射而產生的變動圖案，從中看到未來的象徵。

星辰、月亮與閃電

Stars, the Moon, and Lightning

16

✦

在夜空中發光的神祕光源，一直以來受到人們基於迷信的敬畏。人們相信那是亡者的靈魂、神的居所，甚至是朝地球發射的飛彈（流星）。然而，恆星通常被視為是神祕而友好的光，能夠預測人類存在的事件。占星術只是一種與星星有關的古老占卜術。

許多文化根據星星每年離開後又再度出現的規律建立了粗糙的日曆。北極星、天狼星的升起預示了古埃及每年尼羅河的氾濫。在夏威夷，當同樣這顆星星首度再次出現在天空時，代表為期四個月的節慶的開始。許多我們現在已認不出的星座在過去因預知了即將發生的事件而享有盛譽。

看到彗星長久以來都被視為最不祥的星辰預兆，幾乎總是被視為災難的預測：國王與王后的隕落、城市的覆滅、甚至是世界末日。有些災難確實在看到彗星後發生，因此這樣的信念持續了幾千年之久。

西元七九年，羅馬博物學家普林尼（Pliny）對噴發的維蘇威火山（Mt. Vesuvius）感到好奇，結果因太靠近火山的毒氣和落下的灰燼而逝世。他在他著名的著作《*Natural History*》中廣泛地介紹彗星。他撰寫了多種彗星：「有角」彗星、「火炬」彗星、「山羊」彗星等等，每一種都是依據彗星的外觀進行描述。某些種類的彗星預示著特定的影響。形狀像一對長笛的彗星預示著藝術上的成功，而在羅馬帝國的開國君主奧古斯都（Augustus Caesar）在位期間出現的某顆特定的彗星則為全球帶來有益健康的影響。然而，大多數的彗星都被視為厄運的預兆。

流星是另一個關於未來不幸或喜悅的戲劇性徵兆。在中國、羅馬等地，隕石被奉為神明崇拜。在天氣的傳說中，人們認為流星可用來預測颶風。而在英國，想懷孕的婦女會焦慮地看著天空，看到流星劃過夜空是她肯定會懷孕的徵兆。在英國的其他地區，看到流星是肯定會有婚姻即將來臨的徵兆。

✦ 星辰占卜 ✦

許多今日仍在使用的占卜形式都仰賴星辰。即便是夢到星星都被視為未來幸福快樂的預兆。以下是部分技巧：

- 在天空晴朗的夜晚來到戶外，問一個問題，如果星星似乎變得更亮，或是有流星劃過天空，代表答案是「是」。如果過了十五分鐘後似乎什麼也沒發生，或是如果有雲遮蔽了星星，代表回應是「否」。
- 在就寢前走到戶外，仰望天空並說出以下字句：「星辰啊，星辰啊，請顯示我的未來。」當天晚上就會做相關的夢。
- 向星星許願是普遍的做法。在戶外看著某顆特定的星星幾分鐘。說出你希望的未來。閉上眼睛三秒鐘。如果睜開眼睛時，可以立刻看到同樣的星星，代表你的未來將如你所願。但如果你無法馬上找到同樣的星星，代表你的未來將有所不同。

✦ 月亮 ✦

月亮是占卜的老友。月亮暗淡的光線與多變的造型，令人聯想到女神和男神、龍、兔子、青蛙、老鼠及其他生物，至今已做出不少預言。月亮和夢（有時人們認為可以孵夢）及海洋密切相關。以下是一些簡單的月亮占卜：

新月，真正的明日，現在請向我揭露真相，
在明日之前，我會見到我的真愛。

將刀子擺在枕頭下，在準備就寢時不要和任何人說話，並記下你的夢。

你在晚上最先看到月亮的位置非常重要。當你最先看到的是直接在你面前變化（新月）或出現在你右邊的月亮時，這個月將極其幸運。但如果你剛好看到月亮在你的左肩上，或是你必須將頭轉到身後才能看到月亮，代表這個月顯然沒那麼幸運。

如果想做關於未來事件的夢，可在滿月時將一塊銀子朝月亮的方向高舉，詢問你的問題，返家後將這塊銀子擺在你的枕頭下。如果你詢問的事件將在不久的將來實現，那你將在當晚做相關的夢。

在月亮隱沒後再度出現的夜晚，直接對著月亮說出以下字句：

新月，真月，
流動的星星，
請到我的夢裡來，
告訴我我的命運。

過去曾有這樣的說法，一個人誕生的月亮日（不是禮拜幾）說明了他未來的生活和性格。在陰曆二十八天的每一個日子也預示著特殊的影響，這是任何人都能實行的粗略占星學。在此非常簡化地介紹這古老占卜形式常見的一種歐洲版本：

第一天（即新月）：這天出生的人將長壽且幸福。

第二天：這天出生的人可能會有財務問題。

第三天：不祥的誕生日。

第四天：這天出生的人保證能在政治上獲得成功。

第五天：沒有關於出生的預兆，但這天懷孕的女性非常幸運。

第六天：這天誕生的小孩將會成為熟練的獵人。

第十天：這天出生的人將會到處旅行，但永遠也得不到持久的寧靜。

第十一天至第二十天沒有任何的預兆。

第二十一天：這天出生的小孩可能會成為小偷。

第二十二天至第二十八天沒有任何的預兆。

夏威夷和其他地方也使用類似的系統，但可惜的是，仍保留原始、完整形式的很少，這是時間流逝所要付出的代價。

✦ 閃電 ✦

閃電是最有力的自然力量之一。儘管每道閃電或閃光僅持續十分之一秒，但這個現象釋放出不可否認的力量並永久銘刻在人類心中，因此對未來的事件具有高度的預言性，大多數文化都以這種方式看待閃電。

希臘人將閃電與男神聯繫在一起。普林尼認為白天發生的閃電是宙斯製造的，而夜間的閃電是蘇瑪努斯神（Summanus，海神波塞頓的稱號之一）的作品。閃電被視為是這些神扔下的熾熱弩箭。儘管部分南美文化認為是月亮創造了閃電，但大多數其他的文化則將閃電與太陽相連結。

最早的火幾乎可肯定源自意外被閃電擊中的樹。在這些樹燃燒時，早期人類接觸到著火的樹枝，因此保留作為烹飪和加熱使用。在過去，閃電是神聖的。

在古羅馬，閃電的出現、鄰近和亮度，預示了剛成家的家庭未來的成敗，但這種預測只對前十年有效。全世界都知道閃電預兆。

有一些與閃電相關的特殊誘發預兆。第一種或許也是最古老的一種：在很可能會出現暴風雨的夜晚來到戶外，面向任何方向站立，等待第一道閃電。如果閃電出現在左邊，這是麻煩和傷心的徵兆。但如果出現在右邊，這預示著快樂、繁榮的未來。如果是直接出現在頭上，則是吉凶參半（這也是或許最好躲起來的徵兆）。如果你詢問了特定的問題，也是用同樣方式回答：左邊是「否」，右邊是「是」。如果直接出現在頭上，表示目前沒有答案。

大家都知道，計算閃電和所造成的雷聲之間的秒數，可用來粗估閃電與觀察者的距離。為了將這樣的現象用於占卜，可在第一道閃電後來到戶外，詢問一個二元性問題。在第二道閃電出現時，開始緩慢地數一、二等等。在空中有雷聲隆隆作響時停止計數。如果你數到的是偶數，答案就是「是」。如果是奇數，答案就是「否」。

其他占卜形式

Other Forms of Divination

17

✦

本章收錄了各種似乎不適用其他分類的技術。

✦ 布料 ✦

這似乎起源自羅馬。收集幾小塊布，最好是同樣材質的布(可請有在縫紉的朋友協助，或是向布行購買零頭布)。需用到以下顏色：黃色、紅色、灰色、藍色、綠色、黑色和橘色。

將每種顏色的布各剪下一小塊大小一致的正方形布料，或許是邊長五公分的正方形。放入盒中。如果是一般占卜，可將布料混合，將手伸入盒中隨機抽一塊布。選出的顏色就可用來判斷未來：

黃色：嫉妒。

紅色：愛情、財富、成功。

灰色：無行動、延遲。

藍色：健康、平靜、快樂。
綠色：金錢。
黑色：悲傷、麻煩。
橘色：不幸。

也可以用這些顏色的紙來取代方形布。

✦ 蛋 ✦

用雞蛋占卜（有如 ovoscopy、ovomancy、oomantia 等多種名稱）的起源已經失傳。儘管蛋可用多種方式來判斷未來，但有一種最著名，而且至今全世界都在使用的方法。

在一個透明的高身玻璃杯中裝水，用大頭針在蛋較小的一端上戳一個洞，將蛋拿在水上，直到蛋白開始滴入玻璃杯中。如果有問題的話，可以問問題。

當蛋白懸浮在水中時，觀察蛋白的擴散和形成的形狀，通常會形成相當奇妙的外觀。可運用象徵性思維，從這些形狀中判斷未來。

第二種方法則較為美味。用一般方式將七顆蛋煮熟，在水中靜置冷卻，接著在水中混入食用色素（或是春季的復活節染料），將每顆蛋染成以下顏色：紅色、橘色、黃色、綠色、藍色和紫色。將第七顆蛋留白。

在染料乾掉後，將雞蛋放入碗中。詢問你的問題，閉上眼睛，從碗中隨機選擇一顆蛋。根據以下的詮釋來解讀未來：

紅色：事情在變化中；小心提防。

橘色：即將有重大變化，正負面都有可能。

黃色：將必須深思熟慮；不要感情用事。

綠色：你將進入一段具有創造力的時期；正面的徵兆。

藍色：關於愛情與關係的預測。

紫色：有更高的力量在運作。

白色：目前沒有回應。

另一種版本使用三顆蛋，但在此，它們的顏色意義有所變更。將一顆蛋染成深藍色、一顆橘色，第三顆留白。將蛋放入碗中，閉上眼睛，用手將蛋充分混合。詢問一個是非題，選擇一顆蛋：

深藍色：否。

橘色：是。

白色：目前沒有答案。

✦ 風箏 ✦

我們這些曾在風大的春季放風箏並因而擁有美好回憶的人，或許會對它的古老歷史感到訝異。風箏很可能是在中國發明的，因為馬可波羅曾提到他在這個廣大的國家旅行時看到了這奇妙的用具。

儘管來源已不可考，但風箏可能是精緻版本的廣告布條。製作風箏還必須加上一條線。大多數的中國風箏是以竹子和紙或絲所製成，而且會製成各種巧奪天工的形式，包括鷹和其他的鳥類、毛毛蟲、蜥蜴、山羊、蝴蝶、章魚和蛇。

夏威夷人大概是從他們源自亞洲的玻里尼西亞祖先身上得到了這樣的概念，將他們的神祇之一羅盧普（Lolupe）想像成魟魚形狀的風箏。放風箏過去曾是島上備受喜愛的消遣。

風箏在中國古代有許多用途。它們是格鬥比賽的武器（用來拉下對方風箏的物品）；用來嚇跑鳥兒的稻草人；觀察哨（用風箏將人升至空中，用來判定敵人的動向），以及占卜工具。風箏甚至可當作代罪羔羊：將災難都堆在風箏上，送至空中，然後將線剪斷，以釋放苦難。

風箏在一七〇〇年代引進歐洲，放風箏的習俗很快就傳遍了全世界。放風箏已經成為我國春季活動不可或缺的一部分，因此許多人以為風箏是美國發明的。

很難找到使用風箏的占卜。當然，我們可以藉由風箏的移動輕易判斷風向，而這可以是未來的徵兆。儘管如此，相關的知識大多已失傳。早期記載的少數風箏占卜之一並不仰賴風進行預測。

在摩洛哥，直到一九〇〇年代才有年輕女性會從屋頂上放風箏。如果風箏穩定地飛行，這是正面的預兆。但如果在飛行中途斷線，則預示著極可怕的不幸。線纏繞在附近的電線或樹上也同樣是凶兆。

同一套系統也可用來回答二元性問題。如果風箏飛行流暢，代表答案是「是」。如果線斷掉或纏住，答案是「否」。

✦ 刀 ✦

擺在火焰對面的閃亮刀刃也曾作為凝視的工具，因為火的反射會產生象徵性回應。

更現代的刀占形式經常會用來判斷問題的源頭。將一把刀擺在桌上，並確保這把刀可輕鬆旋轉。陳述你的問題，用力從刀的中央旋轉刀子。刀尖指向的方向就是不幸的來源。這也可以嘗試用來找到在房子裡遺失的物品，如果是這個目的，刀尖將指向失物的隱身處。

第二種諮詢刀神諭的方式是用小紙片排成圓圈，而每張小紙片上寫著從A到Z的字母。將刀擺在圓圈的正中央，尖端遠離自己。詢問一個問題，握著刀子的中央轉動刀子。刀子的尖端指向的字母便可用來判斷回應。如果第一個指向的字母是「Y」，不必再繼續，你的問題已得到解答（是）。如果是「N」，答案就是「否」。如果出現的不是這些字母，請繼續詢問同樣的問題，並旋轉刀子總共十三次（依每次旋轉的正確順序追蹤字母）。這些字母可能會拼出顯示未來的字句。你可能必須稍微弄亂字母才能釐清訊息。

✦ 針與別針 ✦

儘管針與別針有著悠久的歷史，但直到以輕金屬製作後，才開始成為普及的占卜工具。針與別針是全世界都知道的占卜法。

歐洲的版本：將二十五根針擺在盤子上。將水倒在盤上，直到針浮起。如果有任何針交錯，未來看起來不太樂觀。如果沒有針交錯，一切都會順利。

在接觸到西歐的做法後，美國切羅基的薩滿巫師也將針用於占卜。

切羅基人用針來判斷生病顧客的預後狀況。在直徑約二十公分的白色新碗中裝水。祈禱後，兩根針浮在水面（以下段敘述的方式），彼此間距離約五公分。如果針維持在這個距離或是離得更更遠，代表顧客將會康復。如果左邊的針漂向右邊的針，代表預後狀況不佳，這個人可能不會痊癒。

另一種方法也是以切羅基人的技術為基礎。從流動的溪水中收集水，倒入容器中，詢問一個是非題。將針擺在右手的中指上，慢慢將手浸入水中，直到針漂浮於水面上。觀察針的動向，如果針漂浮水面好長一段時間，代表未來是正向的，或是答案是「是」。如果針很快沉沒，這是負面的預兆，或代表答案是「否」。

別針在占卜上的應用更少，但在判定未出生小孩的性別時很有用。這項技巧與靈擺的使用密切相關。可將別針綁在線上，擺在懷孕婦女的手腕或腹部上。如果懸浮的別針以順時針方向轉動，就會是男孩。如果是逆時針旋轉，代表很快會有女孩來到。

英國未婚的女性過去會來到井邊，將別針扔進井中。如果別針浮起，代表占卜者是被愛的。如果別針沉沒，代表她不被愛。這個方法也能用來回答各種二元性問題：浮起代表「是」；沉沒代表「否」。

✦ 油 ✦

如第二章所述，油占（油跡觀察）在巴比倫和許多古文化中被廣泛使用。有一類專門的占卜神職人員是這項技術的專家，而我們可以從他們的做法中蒐集到大量資訊。

你將需要一個水碗和一罐橄欖油。將碗擺在桌上，坐在前面。要求對未來進行一般解讀，並緩慢地將少許油倒入水中，一小匙左右的油便已足夠。油將升起並浮在水面上，觀察一段時間。依下表判斷未來：

- 如果油分離成兩部分，可能即將發生爭執，或是代表負面答案。

* 如果油形成圓環狀（非實心的圓），而且維持不破裂，代表即將進行有利的商務旅行，或是將會從疾病中康復，或是代表正面回應。
* 如果從較大的油滴中浮現較小的油滴，可能代表懷孕。這對病人來說也是預示著康復的有利徵兆。
* 如果油薄薄地散開並覆蓋整個水面，請小心，麻煩就在眼前。
* 許多不相連的小油球預示著金錢的到來。
* 新月或星形代表極為幸運。

有一種仍在使用的類似方法是窺視預測（凝視）的形式之一。坐在桌旁，面前放著一碗淡水。唯一的光源應只有一根蠟燭。詢問你的問題，或是單純清空思緒。將油倒入水中，直到在水面形成一個圓。凝視蠟燭火焰在油上閃爍的倒影來判斷未來。在義大利，這最常用來判斷是否有人對占卜者施咒或實行儀式。然而，這也可以用在各種其他的占卜目的上。

另一種方法也源自義大利。在一個碗中裝水，加入一些橄欖油，以及大量的黑胡椒粉。將幾根手指放入碗中，朝各個方向攪動，讓部分黑胡椒可以附著在水面上的碗邊。在進行這個動作的同時問問題。停止，將手指移開，以茶葉解讀的方式詮釋黑胡椒漬形成的象徵。

✦ 紙 ✦

紙會因在製造過程中投入的材料而極為昂貴（中東的莎草紙也是如此）。有些文化還會處罰故意浪費紙張的人。而隨著紙張的貶值，許多人發現這是絕佳的占卜工具，經常用來取代早期用於預言術的物品（例如樹葉）。紙張可以摺起、弄皺和書寫等特性，讓它成為理所當然的工具。在本書中其他地方描述的許多技巧也都會用到紙（見索引）。在此我們只會介紹另外三種。

將問題寫在五張小紙片上，捲成緊密的圓條，放入金屬濾網中，擺在從加熱的鍋中升起的蒸氣中。第一張攤開的就是肯定的回答；其他問題的答案就是「否」。

第二種方法甚至更簡單。從同一張白紙上裁下兩個同樣大小的正方形。用黑色的簽字筆或墨水將其中一張紙塗成黑色。來到樓上的窗戶，詢問你的問題，同一時間將正方形紙張扔出窗外。仔細觀察哪張紙先著陸：這可用來判定答案。如果是黑色，答案是「是」。如果是白色，答案是「否」。（請將紙條撿回並妥善處理。）

或是在一張紙上剪下一個五角星。在每個角寫上以下答案的其中之一：「是」、「否」、「或許」、「很有可能」。第五個角留白。用鉛筆而非原子筆輕輕書寫；在紙的空白面朝下時不應閱讀答案。

詢問你的問題。將星星正面朝下，放在枕頭下。在四天的每天晚上，將星星的一角摺起，但不要翻過來看被淘汰的答案。在第五個夜晚查看哪個角還沒有折起。這將回答你的問題。

✦ 珍珠 ✦

珍珠占卜（**Margaritomancy**）是使用珍珠的古怪占卜形式，最早是用來判斷竊賊的名字。嫌疑人的名字被大聲宣讀，而珍珠會在提到罪犯名字時做出戲劇性的回應。

以下這種版本更為實用。在熊熊烈火前將一顆未串好的珍珠放在壁爐上。用一個倒置的金屬碗蓋住珍珠。敘述一連串的問題，每個問題都可以是或否來回答。這類的問題可以包含「我可以在未來六個月內找到戀人嗎？」、「我的新工作會讓人感到滿足，而且可以獲得經濟上的回報嗎？」等等。

如果在問每個問題時，碗保持沉默，代表近期將來這些問題都不會實現。如果在詢問某個問題時，珍珠升起並撞擊碗的內壁，發出空洞的響聲，表示得到了正面的回應。我不清楚是否真有人試過這項占卜，因為很少有人家中剛好有沒串好的珍珠。但如果你實行了，這或許是值得嘗試的占卜。這肯定仍是所有占卜中最神祕的一種。

✦ 靈擺 ✦

靈擺的使用和尋水的探測術有關，當尋水占卜者經過她或他正在尋找的材料時，工具會向下傾斜（可參考附錄1：占卜字典中討論**棍卜 rhabdomancy** 的文章）。這也和環占卜及其他的方法有關。儘管這種占卜法有其侷限（如以下的討論），但還是可以提供協助。

靈擺僅由懸掛在線上的重物所組成。今日一般被用來詢問是非題，儘管在過去，人們經常借助靈擺來判斷未出生小孩的性別。有些尋水占卜者也會用掛在地圖上的靈擺來輔助他們的戶外活動，這讓他們可以涵蓋更廣大的區域。

靈擺也能應用在治療上。有些專家會將靈擺擺在各種順勢療法的藥物上來判斷最適合開的藥方，也有些人會在各種食物上執行類似的技術。

幾乎任何可綁在線上的小物，都可以依所需的重量進行使用。穿孔的石頭、鈕釦、硬幣和戒指都是一些受歡迎的選擇；北美的切羅基人會使用箭頭。將物品綁在長約15至20公分的天然纖維線上。精緻、花俏的靈擺可從部分的超自然用品店取得，但這些靈擺通常要價昂貴，而且未必會產生更好的結果。請利用你手邊能取得的物品即可。

在使用靈擺時，請坐在桌旁。將用來寫字的手放在桌上，用大拇指和食指抓著線的末端。詢問一個可以肯定或否定回答的問題，讓手臂和線保持完全靜止並等待。

靈擺將會開始晃動。在詮釋靈擺的擺動時有兩種不同的方法。第一種或許最容易記憶。如果靈擺以順時針或逆時針方向轉圈，代表答案是「是」；如果是來回晃動，答案就是「否」。如果靈擺不動，表示目前無法產生答案。

第二種靈擺擺動的詮釋法只和圓周運動有關。順時針方向轉動代表「是」，逆時針轉動代表「否」。

為了找出靈擺偏好的回應方式，請詢問一個你已經知道答案的問題。如果你是女性，可以詢問「我是女人嗎？」。如果靈擺開始繞圈，可接著詢問「我是男人嗎？」。如果靈擺逆時針轉動，表示可使用第二種詮釋法。如果靈擺來回擺動，表示要使用第一種方法。

有些人認為靈擺的擺動是受到潛意識心靈所支配。這當然看似是真的。因此，它預示我們未來的能力也有所受限。靈擺不能用來預測重大事件（可能會受到許多外在因素影響）。儘管如此，作為連結潛意識心靈的工具，靈擺多半被證實是有效的。

✦ 戒指 ✦

用戒指進行的占卜，稱為＃環占卜（dactylomancy）＃，和先前提到的別針儀式密切相關。這源自於古代，但現代的版本已簡化許多。中世紀在進行這項占卜時很流行使用特製的戒指，每一種都適合在一週裡特定的日子用於環占卜：

太陽：以黃金製成，這枚戒指上鑲著一顆橄欖石，上面刻有一條獅頭蛇的圖案。用於星期天。

月亮：代表這發光體的戒指由銀製成，鑲有刻著兩個新月的石英晶體。用於星期一。

火星：以鐵製成，鑲有紅寶石，上面刻著蛇咬住劍柄的圖像。用於星期二。

水星：以錫或鉛製成。鑲有紅玉髓，上面刻有雙蛇杖（兩條蛇纏繞在杖上）。用於星期三。

木星：這枚以錫製成的戒指鑲有一顆黃玉，上面刻著一隻鷹和一顆五角星。用於星期四。

金星：以銅製成，這枚戒指鑲有一顆祖母綠並刻著性結合的象徵。用於星期五。

土星：以鉛製成，鑲有一顆縞瑪瑙，上面刻有一條蛇環繞石頭的圖像。在星期六使用。

在實際使用戒指時，會在三個金屬盤上刻上字母表的每個字母。七十八個圓盤被擺在一張標有星座和行星符號的圓桌上。用亞麻線將適當的金屬戒懸掛在桌子上方。祈禱後，用祝聖過的火炬點燃亞麻線。隨著亞麻線的燃燒，戒指會掉落在桌上。重複同樣的步驟七次。戒指在上方滾動並停駐的字母便可拼出問題的回應。

以下的現代方法更是簡單許多。在一枚戒指上綁上一條線，最好是黃金製成的婚戒，但任何戒指都可使用。將戒指懸掛在一個空的玻璃杯上，詢問你的問題。如果戒指只撞擊玻璃杯一次，代表答案是「是」。如果撞擊兩次，答案是「否」(可在第一次撞擊後等一會兒，觀察是否會接著有另一次的撞擊)。

也可以觀察戒指撞擊玻璃杯的方向。如果是撞左邊，這是壞的預兆；如果是右邊，好的預兆；撞擊玻璃杯遠的一側，壞預兆；近的一側，好預兆。

✦ 沙子 ✦

沙占是另一種古老的技術。取得一些細沙。如果是濕的，用烤箱加熱至濕氣蒸發。倒入正方形或長方形盤中至7.5公分的深度，擺在你面前的桌上。

將鉛筆鬆散地握在手中，並將筆尖擺在沙子的中心。閉上眼睛，陳述你的問題。深呼吸並放鬆。

你將會有一股想移動鉛筆的強烈衝動。讓筆自行在沙上移動，持續至筆停止移動為止，或是在大約三分鐘後停止，以先發生的為準。更長的書寫時間可能會形成一堆難以詮釋的困惑訊息。

將鉛筆移開，看著沙上的象徵。有時鉛筆的移動會形成清晰的文字。也可能有「Y」，代表「是」；「N」代表否；「P」代表或許。更常見的情況是會有象徵出現。沙占中最常見的部分象徵如下：

大圓：不幸。

小圓：消息，尤其與工作相關。

三角形：成功。

方形：障礙。

長線：旅程。

短線：訪客。

心形：愛情、關係、友誼。

破碎或不平整的心形：分離。

花：開始。

X形：愛情。

如果出現其他象徵，可用你心中所想的問題來詮釋。

另一種沙子的解讀形式：將細沙倒入篩子，在淺色的平坦表面上搖動篩子，同時詢問你的問題。在沙子落在表面時，凝視沙子形成的圖案。請使用象徵性思維來破解訊息。

Advanced Techniques

Part 3

進階技巧

第三部分

塔羅

Tarot

18

✦

儘管撲克牌和塔羅牌的確切起源尚不清楚，但沒有牌卡能從真正古老的文化中倖存下來。塔羅牌（用於占卜的牌組）起源自近代，或許是十三世紀的歐洲。但這並不能阻止現代的評論家為它的起源打造奇幻的故事：最早是出現在大金字塔（Great Pyramid）裡的七十八張畫作，和艾盧西斯神祕儀式（Eleusinian mysteries）有一些關聯，或是來自亞特蘭提斯的文本，以及源自古巴比倫等等。

撇開這種信念不談，塔羅牌的起源很可能一點都不神祕，而是出於基督教的教育目的、賭博或純粹的娛樂目的所發明的。用塔羅進行占卜是較後期的發展。

流傳至今最早的塔羅牌樣本收藏在**法國國家圖書館**（Bibliotheque Nationale），是由格蘭高尼

（Gringonneur）在一九三二年為了取悅法國有瘋子查理之稱的查理六世所畫。該時期的宮廷帳目記錄了向賈克曼．格蘭高尼（Jaquemin Gringonneur）支付了三套塔羅牌——只有大阿爾克那的金額。

一般的撲克牌是在一三三三年首度出現在文獻中，當時阿方索十一世（Alfonse XI）禁止撲克牌的使用。一名名叫約翰尼斯（Johannes）的德國修道士於一三七七年在他的修道院中曾提及撲克牌的使用，說明撲克牌具有向他人傳授基督教道德觀的價值。

在這段時間，無論是撲克牌還是塔羅牌的設計都不一致。每副牌都和其他牌有相像和不同之處。

自十五世紀開始，吉普賽人在歐洲流浪的同時，也在各地散播關於使用塔羅牌的知識，但塔羅牌既非他們發明的，也並非由他們第一個引進歐洲大陸。

最後，在一七〇〇年代晚期，塔羅只作為占卜工具使用（這可能發生得更早，但我們找不到支持的文獻記載）。

✦ 現代復興 ✦

曾經只由吉普賽人執掌的塔羅牌，在一九一〇年再度流行起來，亞瑟・愛德華・偉特（A.E. Waite）和潘密拉・科曼・史密斯（Pamela Colman Smith）創作了稱為偉特（Waite）或萊德偉特（Rider-Waite）的塔羅牌組。這是最早的現代牌組，並形成後來無數塔羅牌的基礎。偉特從許多來源中汲取靈感，並指導史密斯在牌卡中加入大量的象徵手法。有些意象無疑來自傳統，有些從創始組織借入，也有些很可能單純出自偉特本人的想法。

創造塔羅牌的傳統仍然很活躍。現在有加入馬雅、印第安、阿茲特克和女性主義主題的牌組、凱爾特牌組、威卡牌組、神話牌組、只和「貓奴」有關的牌組等等。有些人會收集新舊的塔羅牌。就連知名的超現實主義畫家達利（Salvador Dali）都曾設計並繪製一整副的塔羅牌。

隨著塔羅牌的持續普及，牌卡作者和藝術家也持續更改牌卡的設計，因此改變了占卜的意義。新的牌組大多含有說明每張卡的象徵意義及預言性質的小冊子。儘管存有一些普遍的相似性，但大多數的作者並不認同彼此。因此，每張卡都有廣泛的潛在含義。

在剛開始使用塔羅牌時，大多數專家都會推薦偉特牌，這會是必要的，因為這是過去唯一普及的牌卡。時至今日，如果有學生因這副牌展現的基督教象徵主義和隱含的性別歧視意味而感到被冒犯，也可以從其他各式各樣的牌卡中做選擇。

✦ 牌組 ✦

塔羅牌包含七十八張牌卡，並分為兩種牌組：二十二張大阿爾克那牌卡和五十六張小阿爾克那牌卡。小阿爾克那密切地對應到現代的撲克牌；大阿爾克那則是獨特的。

不像現代的撲克牌都是雙頭設計，因此即使上下顛倒也是一樣的圖案，塔羅牌上的圖案則會因方向的不同而有所變化。因此，「逆位」的詮釋在大多數的塔羅解讀中都是重要的一環。一般而言，正位的牌可以用正向方式詮釋，而逆位牌則是負面詮釋。

✦ 小阿爾克那 ✦

小阿爾克那在占卜上經常被視為不如大阿爾克那重要。而小阿爾克那是由四組各十四張牌卡的牌組所構成：從一到十、騎士、侍者、皇后和國王。一般而言，這四組與以下事務有關：

錢幣：大地、物質世界、金錢和商業。

權杖：感覺、智力、開始、方向、創造。

聖杯：水、直覺、感情、愛、做愛、快樂。

寶劍：糾紛、力量、困難、挑戰、能量。

這些牌組以下列方式對應撲克牌：錢幣：方塊；權杖：梅花；聖杯：紅心；寶劍：黑桃。

在大多數二十世紀前的牌組中，小阿爾克那的說明不如大阿爾克那那麼豐富。但如今情況已經不同，許多的現代牌組都有充分的說明。**通用偉特塔羅牌**（**Universal Tarot**，**Lo Scarabeo 出版公司**）每個牌組的一號牌顯示於下頁。

✦ 大阿爾克那 ✦

大阿爾克那包含二十二張牌卡（編號從0至21，這經常讓最早開始使用塔羅牌的人感到困惑）。大阿爾克那有時似乎會被視為原型，至少也代表有力的影響。

大阿爾克那及每張牌卡的象徵意義及可能的占卜意義如下。這項資訊是根據文獻研究和個人經驗而來；但在許多牌組中也可能存有差異，而且你可能會發現某些牌卡有截然不同的意義。

有些牌卡在某些牌組中會有不同的名稱：女祭司（High Priestess）可能會稱為女教皇（Papess）；教皇（Hierophant）可能會稱為主教（Pope）等等。本章用來說明的大阿爾克那牌卡來自**通用偉特塔羅牌**（經 Lo Scarabeo 公司許可下翻印）。

一號牌

0．愚人

正位：潛意識心靈。

逆位：輕忽。拒絕睜開眼睛看前方有什麼。愚蠢。粗心。

1．魔術師

正位：意志的力量。技巧。微妙。外交手腕。對自然力量的掌握。

逆位：將力量用於邪惡的目的。假象。不安全感。

2．女祭司

正位：知識、祕密、智慧、直覺、平衡、先見之明、靈性啟蒙、女性之謎、神祕傳統、入門、自然力量。

逆位：無知、膚淺、表面知識、將智慧用於不明智的目的。

3．皇后

正位：大地之母、母性、情感、（各種）生育力、感官享受。

逆位：家庭紛爭、貧困、焦慮、優柔寡斷，但也可能是真相、輕鬆和喜悅。

4・皇帝

正位：潛意識心靈。

逆位：輕忽。拒絕睜開眼睛看前方有什麼。愚蠢。粗心。

5・教皇

正位：宗教聖召、教導、父權、慈悲、同情、儀式、權威、大祭司。

逆位：濫用靈性權威、控制他人、過度慷慨大方、不按常規。

6．戀人

正位：愛情、結合、美、吸引力、和解、和諧。

逆位：不忠、難以滿足的關係、對戀愛對象的執迷、愚蠢的計畫。

7．戰車

正位：對內在能量的控制、元素的掌握、所面臨的障礙、對抗、努力、勝利、征服。

逆位：未能成功、失敗、計畫分崩離析、無法面對責任、壞消息會到來、戰爭與衝突、復仇。

8．力量

正位：堅韌、能量、隱藏力量、英雄主義、體力和精神力、活力、成功。

逆位：專制、軟弱、不和、濫用權力、固執和頑固、恥辱、危險。

9．隱士

正位：內心對真理和智慧的追尋、謹慎、節儉、冥想、退隱、沉默、需要慎重、祕密將被揭示。

逆位：因過度謹慎而導致的延誤、恐懼、孤獨、對靈性道路的狂熱、偽裝。

10．命運之輪

正位：突發事件、週期性、進化、財富、不可預見的變化、可能的結果、混亂。

逆位：增加（有些人認為是貧困、恐懼、孤獨）。

11．正義

正位：絕對正義、判斷、公正、美德、法律事務的成功：訴訟、遺囑、契約。平衡、業力。

逆位：不公平的譴責、偏執、過分嚴厲、偏見、不寬容、誣告。

12．吊人

正位：啟蒙、智慧、預言的力量、為達目標所必要的犧牲、占卜、轉化、預言、重生、虔誠。

逆位：不願做出必要的犧牲、自私、懲罰、損失、強迫犧牲、失敗、虛偽。

13．死神

正位：破壞、改變和更新、重大且正向的局勢變化、輪迴轉世(因此是前世的事件影響到現在的事件)、舊思想與珍視信念的消亡。

逆位：停滯、負面的變化、重大且不幸的局勢變化、毀壞、結束(注意：幾乎從不涉及肉體死亡)。

14．節制

正位：自制、節制、友誼、融合、耐心、節儉、與他人和諧合作、混合、組合。

逆位：奢侈、困惑、過度放縱、不和諧、無法與他人合作。

15．惡魔

正位：對他人、概念或實物的不必要束縛、受苦、暴力、妄想、恐懼。

逆位：擺脫束縛、克服恐懼和妄想、尋找啟蒙之路、克服基本的慾望和信念、受控制的潛意識心靈（逆位牌也可以有正向詮釋的例子）。

16·塔

正位：轉化現有形式，為新形式騰出空間。破壞、暴力、推翻、損失、命運逆轉、抱負、專制。

逆位：意思相同，但程度較輕。

17·星星

正位：希望、信任、樂觀、洞察力、機會、前程似錦、有利的未來。

逆位：限制、自我懷疑、悲觀、失望、夢幻、未實現的希望、違背諾言、期待破滅。

18．月亮

正位：承諾、實現、一般女性、夢、薄暮、欺騙、隱藏的敵人、不滿、謊言、詭計、醜聞、洩露的祕密、錯誤。

逆位：意思相同，但程度較輕。

19．太陽

正位：豐收、神聖的真理、快樂、財富、獲益、就職成功、成就、病癒、喜樂、成功、幸福。

逆位：虛榮、無恥、傲慢；程度較輕的正位意涵。

20．審判

正位：恢復活力、康復、戒癮、改善一切。

逆位：難以做決定、維持舊習、缺乏積極的改變、延遲、不願面對現實。

21．世界

正位：成功、完成、喜樂、完善、成就一切、勝利、旅行。

逆位：恐懼改變、恐懼成功、缺乏遠見、無法接受正向事物。

✦ 塔羅牌的運用 ✦

儘管在此僅介紹基本的塔羅知識，但如果沒有提供至少一種運用牌卡來占卜的方法，那本章就不夠完整。更進一步的資訊請參考書目中所列的任何一本書。

占卜時，對塔羅牌進行洗牌和切牌。可隨機選擇一張牌，或是以某種方式排列幾張牌卡。可用牌卡的象徵意義來詮釋過去、現在和／或未來。

諮詢塔羅牌最簡單的一種方式，就是一邊洗牌，一邊專心地想著你的問題。至少洗九次牌。將牌擺在桌上，進行切牌。再洗一次牌（這個程序有很多變化版本）。選擇最上面的牌。小心地翻面，以免意外將牌倒置。研讀牌卡的象徵意義。接著，依你的問題詮釋牌卡。以上就是完整的占卜流程。

當然，儘管這個程序解釋起來很簡單，但要成功實行卻很困難。塔羅是複雜的工具，必須仔細研究才能得到最佳結果。以下是讓你熟悉塔羅占卜的流程。

1．尋找最吸引人的塔羅牌組。許多神祕用品店有打開的牌組，讓你可以檢視牌卡的內容。請選擇在召喚你的牌組。

2．每天抽出一點時間研究一張塔羅牌。要研究完所有的牌需要七十八天。不要查閱書上的牌義，只研究牌卡本身。注意牌卡的象徵意義。試著將它融入你的日常生活。最好注意你對每張牌卡的觀察。

3．閱讀相關主題的書籍，但請理解不同的書包含不同的詮釋。可比較書裡的資訊和你自己對牌卡的詮釋。注意異同處，並決定比較適合的詮釋。你的詮釋很可能是最適合你的。

4．這時，也唯有這時，才能開始將塔羅用在占卜上。如果你在獲取牌卡的知識之前就嘗試占卜，很可能會以失敗告終，因為你必須熟悉工具，才能使用。一開始先幫自己解讀，在你熟練後再幫朋友解讀。

5．持續研究和實行。尊重塔羅。在需要時請求它的協助，同時請記住：未來是可以改變的。

手相術

Palmistry

19

✦

手相術（palmistry，亦稱**cheirognomy**和**cheiromancy**）是用研究人手的形狀，以及掌心交錯的條紋來判斷未來的技術。這在今日通常與吉普賽算命師有關的占卜術相當古老。《吠陀經》的敘述顯示這是早在西元前一〇〇〇年就出現的技術。

然而，手相在希臘羅馬被視為一門科學。許多作家（包括亞里斯多德、羅馬皇帝奧古斯都和普林尼）都曾提到這項做法。這項技術從羅馬傳遍至整個帝國。

隨著基督教的興起，手相術在整個歐洲受到迫害和禁止。手相術被與教會不理解的所有其他事物混為一談，並被貼上了惡魔般的標籤。只有社會的邊緣分子敢讀手相，但當時也只能祕密進行。

終於到了十九世紀，手相術才得以重見光明，而且再度被視為值得尊敬的技術。最知名的手相師，而且也是較為熱烈支持手相術的或許是路易斯．哈蒙伯爵（Count Louis Harmon），但他更為人所知的是他在執業時使用的名字：卡路（Cheiro）。卡路在倫敦和美國都有經營手相解讀室。隨著他解讀準確的消息傳開，他一邊解讀有權勢的人、富人和有影響力的人的手相，同時也遭受那些認為手相術與魔鬼有關的人的批評。他解讀過的名人包括基欽納勛爵（Lord Kitchener）、瑪塔．哈里（Mata Hari）、莎拉．伯恩哈特（Sarah Bernhardt）、奧斯卡．王爾德（Oscar Wilde）、英國的愛德華八世（King Edward VIII）、馬克．吐溫（Mark Twain）和莉蓮．吉許（Lillian Gish）。

卡路撰寫了一系列書籍，詳細敘述他個人解讀手相的系統。他在許多方面的技巧與前人不同，但他的著作非常受歡迎，而且仍是構成今日實行手相的基礎。

手相是複雜的技術。這遠遠不僅是對手的快速解讀，而是需要對人性，以及對可能出現在手掌上的數十條線和象徵有深入的了解。這項技術複雜到讓許多學習者都很快就放棄了研究，但在此還是可以歸納一些手相術的重點，有興趣的學習者應從目前眾多可取得的書籍中選擇一本以獲取更多資訊。

大多數的手相師並不認為在解讀過程中會運用到靈力，他們相信需要揭露的一切都在掌心裡。儘管需要非常熟悉這些徵兆，但不需要用到靈性的意識。

簡言之，手相術包含兩個部分：對手、手指、關節、指甲和拇指形狀，以及掌心和手腕處斑點和線條的研究。

雙手都需要解讀。常言道：「左手看先天，右手看後天」，這句話正完美地總結了兩者的差別。比較左右手就可以判斷我們過去過著什麼樣的生活；而右手則揭示現在和未來。

✦ 手的七種類型 ✦

如前所述，手的形狀就和在掌心上發現的斑點一樣重要。簡言之，手可分為以下類型：

基礎手：短小略厚的手。手指粗短；掌心厚實。這類人通常思考較遲鈍，可能無法控制自己的情緒，而這可能導致突如其來的情緒爆發。

方形手：正如其名，掌心是方形的，指尖和指甲也是。方形手代表的是頭腦冷靜、事業有成的人。這些人往往是守時守法的非狂熱分子。

哲學手：這是瘦骨嶙峋的長手，手指上通常有明顯的關節，手指往往也是長的。這種手代表經常陷入沉思的人，敏感且莊重。神祕學的愛好者，往往沉默且守口如瓶。

抹刀手：掌心通常是三角形，手指根部或下方明顯較寬。手指本身很像抹刀，即寬而平。抹刀手代表熱愛行動、非常獨立、不按常規、充滿活力和創造力。關鍵字就是獨創性。

圓錐或藝術手：飽滿、勻稱的圓形或錐形手。指尖略尖。有這種手的人很健談，喜歡認識新的人，而且對他人很慷慨。他們享受各種形式的藝術。

靈性手：看起來很脆弱的細長手，手指極長，並朝指甲的方向變細。有這種手的人愛幻想且身體虛弱。他們很安靜、溫柔，而且信任每個人。是不切實際的人，往往也很喜愛音樂。

混合手：這顯然是混合上述其他六種特徵的手。這類人在生活的各個層面都有很強的適應能力，但可能會因為缺乏真正的目標而迷失方向。他們可以學習各種技藝並從事多元職業。

先確定手的類型後就可以開始研究掌心。

✦ 六大主要掌紋 ✦

在解讀掌心時，這通常是最重要的考量，但其他相近或重疊的徵兆，以及較小的線，都會全面納入考量。

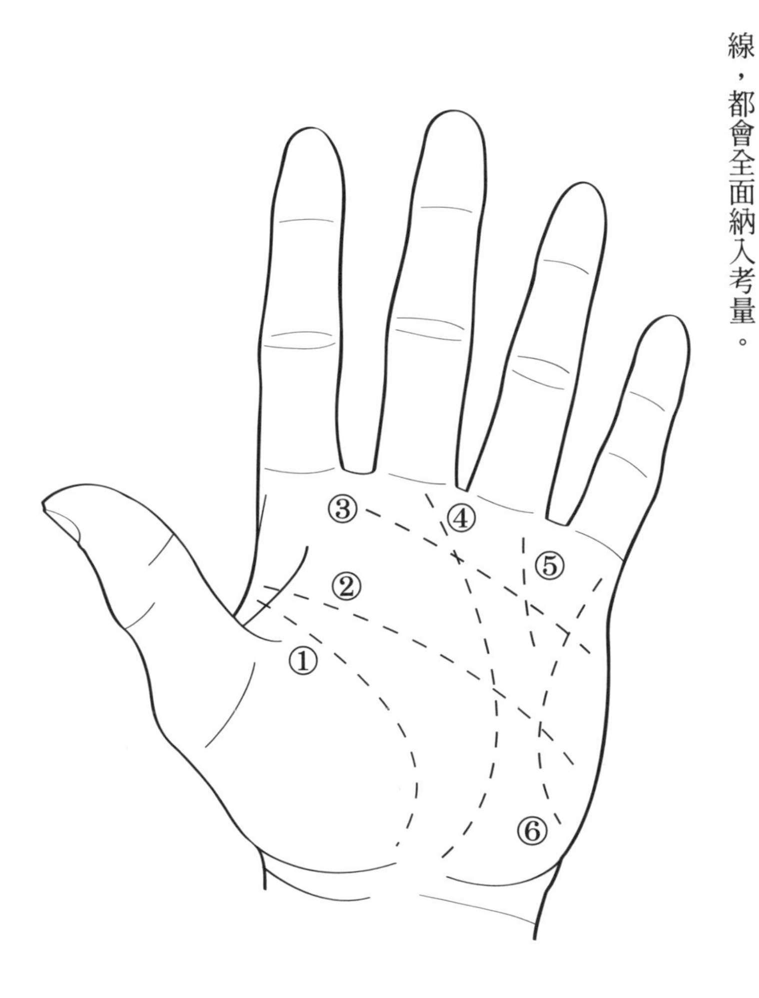

生命線①：顯示健康或疾病，以及死亡年分。

智慧線②：與智力相關；可顯示精神疾病。

感情線③：愛與情感。源自食指下方的線代表深情。源自食指和中指之間的線，會依實際情況而壓抑情緒。如果這條線起自中指下方，代表天生非常性感。

事業線④：與世俗事務的成敗相關；自決或外力。

太陽線⑤：創造力和成功。

直覺線⑥：感官享受、夢想、熱情、豐富的想像力。這條線的出現可能表示具有靈性意識的傾向。

以上僅是對手相奧祕最簡短的介紹，目前已有大量出版的相關資訊可供參考。

易經

The I Ching, or Book of Changes

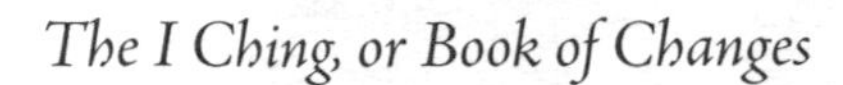

20

✦

《易經》是最著名的中國占卜工具。《易經》含有一組名為卦的六十四個特殊符號，再搭配上相關的占卜意義，以及評註和其他的附加資訊。

《易經》是精巧的占卜系統。這本書在一九六〇年代末期及一九七〇年代初期的再版讓人對它的運用產生了濃厚的興趣，各階層的人都會尋求《易經》的指示。

有些學者宣稱《易經》在古代並不是用於預測未來，而是用來顯示當下的狀況。但古代的記載證實並非總是如此。西元前六〇〇年至五〇〇年，《易經》被用來判斷例如兩個人是否適合結婚、下雨的可能性，以及其他關於未來的問題。

學者們相信，用六條實線或虛線（卦）設計的古老做法，最早可追溯至西元前一〇〇〇年。我們沒有最早用來產生這些線條的工具記載，但一千年後，人們偏好用蓍草起卦。

這的複雜系統起卦會用到五十根蓍草。立即取出一根蓍草，擺在一旁。將其他的蓍草扔至平坦的平面上。占卜者將剩餘的蓍草分成兩堆，接著從每堆的蓍草中分成每四根一組。剩下的蓍草數量便可用來判定是指虛線還是實線。將適當的線畫在一張紙上；第一條線擺在底部。整個過程總共重複六次，每條線都置於最後一條線的上方，因此形成六條線。

✦ 起卦 ✦

卦象就此成形，有六十四種可能的排列。早期每個卦象都有各種解釋。最後，一套標準化的詮釋受到正式認可，隨後便被廣泛使用。而今日持續參考的就是這些詮釋。

由於《易經》仍在使用，但以蓍草起卦的系統較為費時，於是產生了使用三枚硬幣的新方法。這些硬幣的重量和材質應完全相同，而且每面應具有足以辨識的特徵，才能迅速看出是正面還是反面朝上。有人會使用一美分硬幣（penny），我則偏好使用二十五美分硬幣（quarter）。

在平坦的平面上投擲三枚硬幣。硬幣正面的數值為二；反面為三。擲硬幣後，將數值加總起來，便可判斷要畫的線條類型。在使用三枚硬幣時，只有四種可能的組合，即兩枚的正面朝上、一枚反面朝上（4＋3＝7）；一枚正面朝上，兩枚反面朝上（2＋6＝8）；三枚正面朝上（2＋2＋2＝6）；以及三枚反面朝上（3＋3＋3＝9）。

擲出數字6代表虛線，7為實線，8為虛線，9為實線。和蓍草一樣，要投擲硬幣六次，並從底線開始起卦。

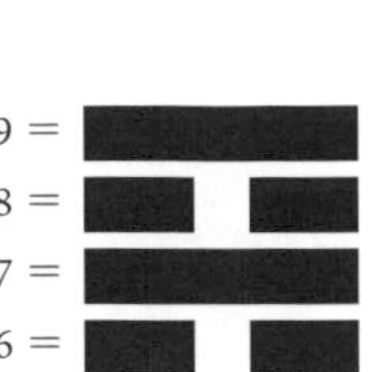

✦《易經》的解讀 ✦

一旦完成以上的動作，就可以參考書籍的指引。每個卦都有名稱和數字，有助於找到適當的資訊。

會依據占卜者的問題來解讀卦象的象徵意義和占卜意義。許多人發現《易經》最適合用來釐清現況，或是判斷當事人的生活方式是否符合個人目標。

有時卦象的意義相當明確，即使是以象徵方式表達。但也有些時候，必須經過反覆思考才能理解卦象的訊息。《易經》並不是可以立即上手的占卜形式，必須仰賴占卜者對卦象意義的理解。

217頁的易經表提供了上卦和下卦的中文名稱。先解讀上卦，然後再沿表向下查找下卦的名稱。這張表是依卦數和卦名輸入，可作為預測未來的參考。以下面的卦象為例進行解讀：

上卦的中文名稱為「震」，而下卦名為「乾」，下卦和上卦在表中交會的數字是34。這樣的卦象在《易經》中有兩種解讀，較舊的在書的開頭，較新的在書的結尾。34卦的中文名稱是「大壯」，英文的意思是「強大的力量」。

《易經》不僅是刻意隱晦，而且特定類型的線條也可能指的是其他卦象。這些「變」爻是由上卦或下卦所形成的。在特定位置且具特定數值的單一線條也可能帶來更多資訊。這些資訊在《易經》中都有明確的說明。

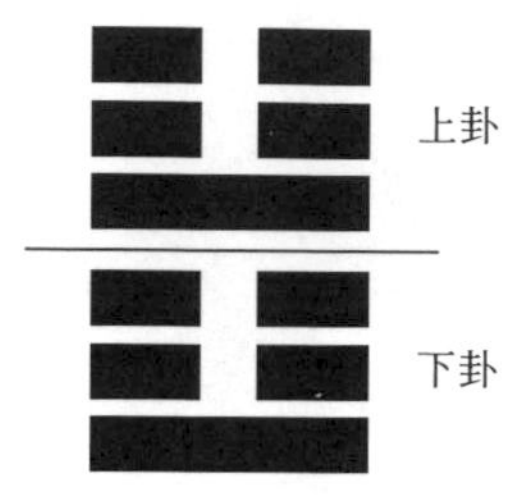

✦ 案例解讀 ✦

儘管這個流程相當簡單，但實際案例的解譯可能有助釐清這種占卜形式的性質。

問問題：「我是否在工作中為他人提供足夠的協助？」

第一次投擲：三個反面＝9，實線

第二次投擲：兩個反面，一個正面＝8，虛線

第三次投擲：兩個反面，一個正面＝8，虛線

第四次投擲：兩個反面，一個正面＝8，虛線

第五次投擲：三個反面＝9，實線

第六次投擲：兩個反面，一個正面＝8，虛線

按正確順序排列，卦象應看起來像這樣：

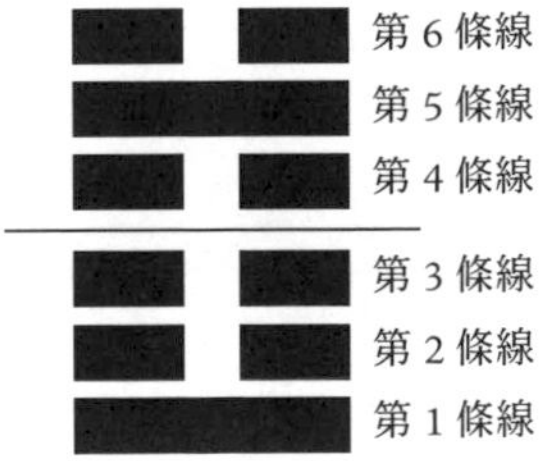

第 6 條線
第 5 條線
第 4 條線
第 3 條線
第 2 條線
第 1 條線

這形成名為「屯」的卦，在《易經》中是第三卦。

查閱《易經》，「屯」的意思是「開始的困難」。在象徵意義上，「屯」代表的是一根掙扎著要從土裡冒出來的小草。一旦達成了這個目標，就可以自由地成長，而不會有其他的障礙；因此是「開始的困難」。

這個卦象意味著艱難的成長期，並鼓勵占卜者尋求他人的幫助以擺脫當前的混亂。然而混亂本身就存有秩序，而這些困難要由占卜者來解決，如果能做到，就能確保成功。

從詢問的問題來看，答案似乎相當明確。占卜者目前正經歷艱難的時期，為了能夠充分協助他人的生活，占卜者不能只靠自己，因為這可能很危險，她或他必須尋求他人的支持和協助。如果不這麼做，目標將會失敗。

因此，答案是否，但如果允許他人提供支持就能達成目標。

《易經》在亞洲和西方文明都極受歡迎，證明了它是理解我們生活的工具及其普世價值。任何覺得有需要尋求《易經》協助的人，都可以使用這樣的工具。

卦								
上⟶ 下↓	乾 ☰	震 ☳	坎 ☵	艮 ☶	坤 ☷	巽 ☴	離 ☲	兌 ☱
乾 ☰	1	34	5	26	11	9	14	43
震 ☳	25	51	3	27	24	42	21	17
坎 ☵	6	40	29	4	7	59	64	47
艮 ☶	33	62	39	52	15	53	56	31
坤 ☷	12	16	8	23	2	20	35	45
巽 ☴	44	32	48	18	46	57	50	28
離 ☲	13	55	63	22	36	37	30	49
兌 ☱	10	54	60	41	19	61	38	58

現在即未來

The Future Is Now

21

✦

在這個自我成長書籍登上銷售排行榜榜首的時代，我們人類顯然不再滿足於沒有方向的生活。我們尋找完美的技術來自我提升。我們讀書、參加研討會，每天都花時間在追尋自我。這些方法對某些人來說相當有效，但也有人意識到其中少了些什麼：他們有目標，也有達成目標的地圖，但他們不確定該走哪條路才是最好的。他們可能會因此而陷入絕望，並放棄改善自己的生活。

如我們所見，占卜可為我們提供這類重大的資訊，讓我們看見前進的方向。透過分析這類的資訊並應用至我們目前的生活，我們便能繞過不那麼愉快的目的地，進而改善我們的生活品質。

這一點，以及知道我們可以在未來的生活發生之前重新創造我們的未來，都是占卜必須提供的重大體驗。而占卜也能協助我們規劃事件、讓做艱難選擇的過程更輕鬆、提供忠告，並為我們的生活帶來秩序。

作為探求未知資訊的工具，占卜可發揮重大的影響力，讓生活符合我們的期望、夢想和渴求。它有助我們學習尚未掌握的經驗教訓，讓我們在邁向未來的路上可以走得更平順。

為我們的生活狀況承擔責任不是件容易的事。「怎麼會這樣？」當我們陷入危機時，我們可能會有這樣的疑問。一旦我們能接受現在與未來都是由我們過去的選擇所創造，我們就不再對自己的生活感到無力。這促使我們今日過著順利的生活，而明日也不再存有無可避免的挑戰。

我們可將占卜視為具有崇高智慧和知識的朋友。然而，如果我們從占卜中獲取的資訊有任何價值，就必須付諸實行。

本章的標題傳達了一個極其重要的訊息。我們通常將未來視為與現在完全無關的模糊可能性，但這是錯誤的。過去、現在和未來都同時存於在這一刻、這十億分之一秒。這三者並非各自獨立，而是一體的。一旦我們了解這個事實，我們便能善加利用。

明天僅有一步之遙。我們所知的時間幻象或許是有用的，但前提是我們了解它的靈活性。我們可以延展時間，並在這時間範圍裡移動。

因此，占卜的使用不僅僅是為了滿足我們天生的好奇心，它可以提供我們寶貴的資訊。我們可以運用我們接收到的回應，為我們的生活打造更正向、令人滿足的體驗。現在即未來。

附錄1
占卜字典

✦

本附錄列出了人類用來判斷未來的一些方法。這些方法從世界各地、各個時代收集而來，顯示我們總是想知道未來會發生什麼事。

在本書中其他地方詳細介紹的占卜法在此僅會粗略帶過，深入的資訊請讀者自行查閱相應的章節（相關名稱的章節）。只有在先前章節沒有充分說明的占卜法才會在這裡詳盡介紹。

這些占卜法大多還是很神祕，例如用鹽進行占卜的確切技術已經遺失。至於其他的占卜法，在工具的正確用法和詮釋訊息的方法之間存有矛盾的資訊。

有些做法相當殘忍且野蠻，但這些占卜法也是來自殘忍且野蠻的時代。過去的生命極其短暫且充滿不確定，因此人們用盡一切手段來判斷未來。但不意外地，今日最常使用的占卜形式，即使是來自古代，也都是不需要獻祭或用到骨頭的占卜法。我們已經改變了。

這份清單儘管冗長，但卻未能詳盡。人類確實仍持續在創造揭開未來面紗的新方法，而且只要我們的物種仍能行走在這星球上，而且對未來感到好奇，我們就會持續這麼做。

氣候占卜 Aeromancy：透過對大氣現象的具體而有意識的觀察來進行占卜，包括雲、風暴、彗星、風和其他力量。更多資訊可參考第10章：風、雲和鳥。

雄雞占卜 Alectryomancy：用公雞進行占卜。在戶外用小紙張排成一個圓圈，每張紙上寫有字母表上的其中一個字母。在每個字母前擺放一顆乾的玉米粒。接著將一隻白色的公雞擺在圓圈中央。可從公雞啄玉米粒的字母拼出關於占卜者未來的訊息。這是最古老的占卜形式之一，屬於鳥占的一種。

麵團占卜 Aleuromancy：用麵粉實行的占卜。將敘述可能未來的字句寫在小紙條上。將每張紙捲起，並包在麵團裡。這時充分揉麵九次，然後選擇一個麵團。讀出所選麵團包裹的紙條，便可顯示未來。這是由太陽神阿波羅掌管的占卜形式。幸運餅乾（美國人的發明，不要怪罪中國人）就是這古老做法的現代形式。

灑鹽占卜 Alomancy：將鹽作為占卜工具。我們對這種古老的方法所知甚少。或許和沙子解讀有關。可參考第17章：其他的占卜形式。

麥粉占卜 Alphitomancy：在神諭審判中使用小麥或大麥，目的是找出犯下某個罪行的罪犯。將嫌疑犯圍起來。要求每個人說：「如果我有所欺瞞，讓這麵包在我體內腐敗。」接著讓每個嫌犯吃下一小塊大麥或小麥麵包。清白的人不會有任何不良反應，但有罪的人將會歷經極為痛苦而無法隱藏的消化不良反應。（有時會在麵包上抹上馬鞭草後再食用。馬鞭草是神聖的香草，可在此提供協助。）

羊膜占卜 Amniomancy：檢視小孩出生時有時會覆蓋在他們臉上或頭上的胎膜所進行的占卜。這可顯示小孩的未來。

小骨占卜 Astragalomancy：在十二根關節骨的每一根骨頭上寫上字母、文字或象徵。將骨頭（骰子的古老前身）投擲至地上，從骨頭的相對位置及朝上的象徵便可判斷未來。現代相對應的形式：擲骰占卜。

風占 Austromancy：用風進行占卜。更多資訊請參考第10章：風、雲和鳥。

斧頭占卜 Axinomancy：用斧頭進行的占卜。常用的有兩種方式。第一種是在沒有樹的空曠地帶將斧頭朝空中投擲。如果正確投擲，刀刃會插入地面。從斧柄指向的方向，以及落地前持續站立的時間，便可進行預測。第二種方法和第一種密切相關，但只會用來探索埋藏的寶藏。用火將斧頭加熱至發紅，將斧頭擺在可能存有寶藏區域的地上，讓斧頭的尖端朝向天空。這時將圓形瑪瑙擺在斧頭邊緣，如果瑪瑙停留在斧頭上而沒有移動，表示這個區域沒有寶藏。如果瑪瑙掉落，就會快速滾走。再重複這個儀式兩次。如果三次瑪瑙都朝同樣的方向滾動，這就是最適合挖掘的地點，因為寶藏就在三十一步之內。如果每次都朝不同方向滾動，就需要更多的搜尋。如果要尋找竊賊，人們會將斧頭插在地上，手柄朝上。為這次神諭而聚集的一群人（最可能包含竊賊的受害者）圍著斧頭跳舞，直到斧頭的手柄完全著地。應朝斧頭指向的方向尋找竊賊。有些文化也會使用斧頭占卜來判斷最有利於女性生產的地點。

射箭占卜 Belomancy：用箭進行預測。這是遍及全世界的占卜法，包括希臘、羅馬和中東。至少有兩種方法：直接將箭射向空中，箭飛行的方向及落點便可顯示未來。第二種方法是將箭射向石頭，並詮釋箭頭在石頭表面形成的痕跡。過去的希臘人會使用這種方法，以及後來的阿拉伯人也是。古代的瓜地馬拉也會使用類似的占卜形式。奇卡．塔努國王（King Kicah Tanub）在得知白人已征服墨西哥，而且正朝瓜地馬拉而來時，他立刻請他四位最好的占卜師前來。占卜師們朝石頭射箭。由於箭頭並沒有在石頭上留下痕跡，占卜師預測瓜地馬拉將被白人攻陷，而他們的預測相當正確。古代的西藏使用的是截然不同的射箭占卜法。將兩枝箭箭頭朝下地放入容器中。經過適當的儀式後，透過箭看似神奇的移動來判斷未來。在另一種射箭占卜形式中，人們會將可能的未來事件寫或刻在箭上。將箭放入箭筒中，羽毛端朝上，隨機挑選一枝來判斷未來。

書籍占卜 Bibliomancy：隨意將書翻開，出現的文字就會顯示未來。也可以將一枚別針推入闔上的書中；將書本打開，閱讀標記的段落。可使用任何種類的書，但許多基督徒會使用《聖經》來進行這並不屬於基督教的做法。古希臘時代偏好使用詩人荷馬和悲劇作家尤里比底斯（Euripides）的作品。羅馬人則仰賴詩人維吉爾（Virgil）。這種占卜法的變化版本如下：詢問一個是非題，隨機翻開一本書，閉上眼睛，將手指移至某個句子上。計算這個句子的字母數，標點符號不列入計算。如果是偶數，答案就是「是」，如果是奇數，答案就是「否」。

植物占卜 Botanomancy：使用植物的占卜。可參考第11章：植物與香草。

煙霧占卜 Capnomancy：用煙霧進行的占卜。可參考第9章：火、蠟燭、煙和灰。

鏡子占卜 Catoptromancy：使用鏡子的占卜。可參考第15章：鏡子。

牌卡占卜 Cartomancy：使用一般撲克牌或塔羅牌進行的占卜。關於後者的探討可參考第18章：塔羅。

燃燒占卜 Causmomancy：使用火的占卜。可參考第9章：火、蠟燭、煙和灰。

驢頭占卜 Cephalomancy：用驢子頭骨執行的古老占卜形式。

雷電占卜 Ceraunoscopy：透過觀察風執行的占卜：風的力量、方向或風的有無。也會觀察旋風。可參考第10章：風、雲和鳥。

滴蠟占卜 Ceroscopy：用融化的蠟進行的占卜。用小火融化黃銅鍋中的蠟，接著緩緩倒入裝有冷水的容器中。可解讀蠟在水中變硬所形成的象徵和形狀，作為未來的預兆。這種方法至今仍在使用。

手相術 Cheiromancy：（亦稱 palmistry）。透過研究手上的斑點和線條，以及手的形狀、指甲的狀況，來判斷一個人的未來和性格的占卜。可參考第19章：手相術。

鑰匙占卜 Cleidomancy：用線將鑰匙掛在拇指與食指之間進行的占卜。將鑰匙降至玻璃杯中，詢問一個問題。鑰匙會撞擊玻璃杯，撞一次代表「是」，兩次代表「否」。類似環占卜。部分權威人士表示，最好在太陽和月亮在處女座時執行這個動作，而這會大大地限制了它的用處。

擲骰占卜 Cleromancy：卜卦，或者說是使用骰子進行的占卜。可參考第12章：卜卦。

掛篩占卜 Coscinomancy：用篩子和鉗子或剪刀進行的占卜。探索犯罪者身分的古老方法。

麥餅占卜 Critomancy：食物占卜。在古代通常與留在聖壇上或在聖壇上焚燒的食物有關，特別是糕餅，因為這是最常見的祭品。現代形式的麥餅占卜會在烘焙蛋糕或鬆餅時包入小物品（縫紉用頂針、整顆核桃、戒指等），或是將這些物品塞進馬鈴薯泥中。享用者可依據吃到幸運物的傳統意義來判斷未來。戒指代表婚姻，銀幣代表錢財，而核桃代表健康。這項占卜法至少可追溯至一七七八年的英國。

洋蔥占卜 Cromniomancy：使用洋蔥的占卜。可參考第11章：植物與香草。

水晶占卜 Crystallomancy：使用石英晶體水晶球進行的占卜。可參考第13章：水晶凝視。

旋轉占卜 Cyclomancy：透過參考轉輪進行的占卜；很可能是著名賭博工具：命運之輪的前身。

環占卜 Dactylomancy：用戒指進行的占卜。可參考第17章：其他的占卜形式。

草藥占卜 Daphnomancy：以月桂葉或樹枝進行的占卜。可參考第11章：植物與香草。

樹木占卜 Dendromancy：用橡木和槲寄生進行的占卜。

橄欖油占卜 Elaeomancy：一種水凝視的形式，研究液體表面來顯示未來。可參考第8章：水。

臟卜 Extispicy：透過觀察獻祭動物的內臟進行的占卜。所幸這項古老的技法早已消失在大多數的文化中。

大地占卜 Geomancy：透過大地的膨脹、聲音和移動進行的占卜。也可以研究泥土因日曬形成的裂痕。後來發展為更詳盡的形式，會用隨機形成的小點來判斷未來。這些小點原本就是由大地所形成，因此也稱為大地占卜。

圓舞占卜 Gyromancy：一種奇怪的占卜方式，幾個人在一個大圈中旋轉，大圈的周圍標示著字母。隨著跳舞者開始暈眩，有時會踩到一個以上的字母，從形成的字便可占卜未來。

肝卜 Hepatoscopy：透過檢視獻祭動物的肝所進行的占卜。在古希臘、羅馬、巴比倫，以及古代世界的其他地方都有實行過。

馬步占卜 Hippomancy：用馬進行的占卜。古凱爾特人會在聖樹林裡飼養特殊的白馬。在神聖的遊行中，馬跟隨帶頭的馬車，可從牠們的行為來占卜未來。古日耳曼人使用的是第二種方法，在部分神廟中飼養聖馬。如果馬兒在帶著戰士上戰場而離開神廟時，先踏出聖域的是左前腳，那麼戰士認為他們將不會成功，因而會取消預定的突襲計畫。

水占 Hydromancy：用水進行的占卜。可參考第8章：水。

燈火占卜 Lampadomancy ：從觀察閃爍的火炬獲得未來的預兆。如果火炬的火焰本身形成一個點，這是有利的徵兆；如果是兩個點，不利；同一個火炬形成三個點則被視為最吉利的徵兆。如果火焰彎曲，健康的人將會生病；如果火炬突然因不明原因而熄滅，表示即將有災難來臨。

油跡觀察 Lecanomancy ：觀察滴在水上的油。可參考第17章：其他的占卜形式。

焚香占卜 Libanomancy ：觀察從薰香中升起的煙霧。可參考第9章：火、蠟燭、煙和灰。

礦石占卜 Lithomancy ：一種令人費解的占卜形式，利用拋光（但非有琢面）的礦石來形成對未來的預測。很少有人知道這種古老的技法，但似乎可以用和水晶球相同的方式來使用這些閃閃發光的大礦石。還有一種被形容為黑色且帶有其他礦物細緻紋路的特殊礦石，人們會將這種礦石拿至眼前，透過解讀礦石表面的線條來占卜未來。

燭台占卜 Lychnomancy ：古代透過油燈火焰進行的占卜。今日這是蠟燭占卜的別稱。可參考第9章：火、蠟燭、煙和灰。

珍珠占卜 Margaritomancy ：用珍珠進行的占卜。可參考第17章：其他的占卜形式。

額頭占卜 Metoscopy ：透過觀察一個人的額頭進行的占卜。

鉛占卜 Molybdomancy：用鉛進行的占卜。將少量的重金屬融化後快速倒入水碗中。透過融化金屬形成的形狀來解讀未來（有一種類似的方法是將融化的鉛倒在地上，待鉛冷卻後，觀察形成的形狀）。這種占卜法可能會形成最不尋常的形狀。

老鼠占卜 Myomancy：一種奇怪的占卜，用老鼠的吱吱叫聲與牠們造成的損害來詮釋未來的預兆。

雲朵占卜 Nephelomancy：利用雲的外觀進行的占卜。可參考第10章：風、雲和鳥。

生命靈數 Numerology：透過與討論人物相關的數字進行的性格占卜。

酒占 Oinomancy：（亦稱 Oenomancy）凝視裝有深紅葡萄酒的高腳杯。可參考第8章：水。

狗吠占卜 Ololygmancy：以狗吠為依據進行的預測。通常被視為負面的預兆。

夢占 Oneiromancy：對夢的詮釋。這曾經受到高度青睞，因為人們相信在有所請求時，夢是由神靈傳達的訊息。

姓名占卜 Onomancy：以姓名為根據進行的占卜。與生命靈數相關。

指甲占卜 Onychomancy：透過凝視具高度光澤的指甲所進行的占卜。指甲占卜通常會在陽光充足的戶外進行。偏好使用「未受污染」(即尚未青春期)的小男孩的指甲。

雞蛋占卜 Oomantia：透過審視蛋白進行的占卜。可參考第17章：其他的占卜形式。

鳥占 Ornithomancy：透過觀察鳥進行的占卜。可參考第10章：風、雲和鳥。

雞蛋占卜 Ovomancy：Oomantia 的別稱。

噴泉占卜 Pegomancy：透過噴泉流水的潺潺聲和外觀進行的占卜。在羅馬，噴泉有時只是圍繞著小建築建造的泉水。或是類似我們的版本，從高山的輸水道流下的水所供給，到達噴泉時的水壓會導致水向上噴射。曾聽過噴泉聲音的人都知道，水在落至噴泉的水池時會發出聲音，而這確實可用來占卜未來。

投石占卜 Pessomancy：用卵石進行的占卜。可參考第12章：卜卦。

龜殼占卜 Plastromancy：使用龜殼的占卜。古老的中國技術。烏干達凶殘的獨裁者伊迪·阿敏(Idi Amin)使用的可能是另一種做法。據說他會尋求烏龜的意見。透過這種生物的反應，預測了阿敏帝國的瓦解。阿敏一如往常地將這冒犯他的烏龜煮成湯作為懲罰。但烏龜才是最終的勝利者，阿敏確實如預測地垮台了(這可能是杜撰的故事)。

卵石占卜 Psephoman：見擲骰占卜。

玫瑰花瓣占卜 Phyllorhodomancy：用玫瑰葉進行的占卜。可參考第11章：植物與香草。

面相學 Physiognomy：透過人體外觀進行的性格占卜，包括額頭、痣的位置、臉型等。

火占 Pyromancy：用火進行的占卜，有時是在獻祭當中。可參考第9章：火、蠟燭、煙和灰。

棍卜 Rhabdomancy：使用特別準備的樹枝或魔杖來發掘隱藏的寶藏（黃金、石油等）。普林尼曾寫道，羅馬人的先驅伊特拉斯坎人會使用這種占卜來尋找隱藏的水源。到了十五世紀，這個方法從德國傳到了英國。而中國則是一直都在使用。現代的形式稱為探測術或尋水術。用雙手輕握叉型樹枝（或是特別設計的Y形金屬工具），掌心向上。穿越整個區域。當占卜者經過想要的物品時，棒子會急劇下降。這類型的棒子會以各種樹種製作，包含桃樹、柳樹、黑刺李樹和榛樹，人們認為這可帶來最佳結果。尋水術絕不會使用老樹的樹枝。美國有探測術機構，許多探測術師受僱於石油公司，幫忙尋找隱藏的油層。同樣地，農夫和居住在鄉村地區的其他人經常也會求助於「尋水術」（這一詞和巫術或魔法無關）來尋找最有可能開挖新井的地點。傑出的尋水術師通常非常受歡迎且待遇優厚，但非常少見。研究顯示每十個人中只有一人擁有這非凡的能力，而這樣的天賦甚至也會因探測術師的健康而變化。這樣的技術從來就沒有充分的解釋，但很明確的事實是，它確實有效。

詩集占卜 Rhapsodomancy：一種神諭形式，隨機打開一本詩集，從立即出現在眼前的段落尋找占卜線索。書籍占卜的別稱。

杯占 Sycphomancy：用杯子或花瓶進行的占卜。可參考第8章：水。

烙鐵占卜 Sideromancy：用燃燒稻草進行的占卜。可參考第9章：火、蠟燭、煙和灰。

灰燼占卜 Spodomancy：使用灰燼的占卜。可參考第9章：火、蠟燭、煙和灰。

服飾占卜 Stolisomancy：透過觀察服裝行為進行的占卜。歷史上有個奇特的範例：某天早上，奧古斯都的僕人在為他穿衣時，將他右腳的涼鞋穿在他的左腳上。奧古斯都因此知道那天將會發生軍事叛變。將內衣穿在外面，以及將襯衫和洋裝扣錯都是一些常見的服飾占卜預兆。

無花果葉占卜 Sycomancy：用樹葉進行的占卜，通常是使用無花果葉。可參考第11章：植物與香草。

茶占 Tasseography：在喝完茶後，觀察杯底留下的茶葉所進行的占卜。黏在杯緣的潮濕茶葉必須以象徵性思維進行解讀。這可能是非常有效的占卜法。

Tephramancy：用風或氣息進行的占卜。可參考第10章：風、雲和鳥。

乳酪占卜 Tiromancy（亦稱 tyromancy）：一種與乳酪有關的奇怪占卜形式，可能是觀察牛乳的凝固，或許是用象徵性思維來詮釋形式的凝乳（歷史上人們一直都在製作乳酪）。一九六〇年，克里夫蘭（Cleveland）某位民俗專家記錄到一種奇特的現代乳酪占卜形式。在除夕夜，從瑞士輪狀乳酪上切下厚厚一片乳酪。只要研究其中一面的洞。如果是奇數，來年將會不太順利。如果是偶數，就會很順利。此外，大量的小洞意味著輕微的幸運或痛苦，而大量的大洞代表重大事件。

樹枝占卜 Xylomancy：用樹木進行的占卜。走在森林裡，一邊詢問一個問題。觀察地面。可根據出現在地上的木頭形狀、種類（如果知道的話）等來進行詮釋。

附錄2

不尋常的占卜形式

✦

基於各種理由，在此附錄中介紹的大多數資訊並不建議實際運用。有些需要用到骨頭，有些工具在現今的社會裡幾乎無法取得。也有些可能很危險或是單純不切實際。

儘管有這些事實，但一本傳統的占卜書如果沒有至少概略解釋一些人類用來窺視未來的奇怪和奇妙的方法，那就會不夠完整。

這裡的資訊沒有以特定的順序排列。

✦ 羊肩骨 ✦

羊肩骨的使用是早期流傳下來的做法，當時會檢視獻祭的動物作為未來的徵兆。至少在較現代的形式中，這種占卜只會在羊經烹調且食用後再實行。

這種占卜可用於截然不同的目的。第一個可用來判定未出生小孩的性別。在晚餐後將羊肩骨的肉都剔乾淨。接著放入火中，直到最細的部分完全燒焦。用拇指穿過這個區域，並穿上細繩。將繩子打結，掛在後門上。如果在儀式後進入這道門的第一人（非家庭成員）是男性，那小孩就會是男孩。如果是女性，就會是女孩。

另一種形式是檢查火烤骨頭所形成的裂痕，並審視乾淨的一面（非火燒面）是否有斑點，據說這可用來預測災難或死亡。最後這項技術在蘇格蘭很常見。從家禽肉中拉出叉骨當作許願骨，便是古代骨頭占卜流傳至今的現代變化版本。

✦ 蝸牛 ✦

在某些文化中，人們會將玉米粉均勻地撒在地上。將活蝸牛擺在玉米粉上。在蝸牛爬過玉米粉時，蝸牛黏液形成的圖案便可用來預測未來。

✦ 螃蟹 ✦

螃蟹有兩種獨特的用途。第一種是將螃蟹放入裝水的容器中。從螃蟹試圖脫逃的動作便可預測未來在特定事件上的成敗。另一種是在碗中裝入濕沙。可像茶葉一樣解讀螃蟹在沙上留下的許多腳印。

✦ 白蟻 ✦

非洲的讚德人（Azande）巧妙地利用這些具破壞性的生物來回答問題。占卜者從兩種不同的木頭上切下兩根木棍，並帶到白蟻丘（其中有些讓人類的身高都顯得矮小）。占卜者對白蟻說話，如果答案是「是」的話，請牠們啃其中一根木棍，如果答案是「否」的話，就啃另一根。占卜者將木棍放入白蟻丘的洞中，將周圍的空間填滿，然後隔天再回來判斷白蟻的答案。

✦ 各種卜卦形式 ✦

在西非會將十六個棕櫚仁以成對方式投擲到地上。它們的相對位置便可顯示未來。有些文化會朝空中投擲穀物，然後在落地時解讀形成的圖案。馬達加斯加的巫師會在地上畫圈，接著投擲種子，並根據種子形成的圖案和所落的圓圈來預測未來。

其他的卜卦形式還包含南非班圖人（Bantu）使用的方法。將四塊分別代表老男人、老女人、年輕男子、年輕女子的骨頭撒在地上，形成圖案，接著再進行解讀。其他的文化則以類似的方法使用許多特定物種（狒狒、羚羊、疣豬等）的骨頭。有時也會混合貝殼、石頭和其他的物品。

✦ 磨板 ✦

曾住在比屬剛果地區的讚德人會使用一種稱為磨板的奇特工具。這是一種類似桌子，有兩根桌腳的物品。將果汁塗抹在桌面上，然後將另一塊木頭擺在上面。詢問一個問題。如果表面的木頭平穩地移至底部，答案就是「是」。如果兩塊木頭卡在一起，答案就是「否」。

✦ 動物觀察 ✦

除了上列方法以外，還存有許多其他的占卜法。將魚放入水缸，從牠們的移動來判斷未來。也可以用同樣方式運用蛇坑。蛇為阿茲特克人在眾多嫌疑者中指出小偷；生活在英屬哥倫比亞的海達族（Haidas），也將老鼠用在類似的目的上。

相關術語表

✦

Augur 占兆官：執行占卜的人。最初這一詞在羅馬指的是專門研究預兆的特殊階級占卜師的做法。

Augury 占卜術：任何的占卜形式。

Auspices（以飛鳥行動為根據的）占卜：確切地說，是觀察鳥類的行動來預示未來。更廣泛而言，是指任何形式的占卜。

Binary Response 二元回應：透過占卜獲得關於問題是或否的答案。

Character Divination 性格占卜：使用自然和人工工具來判斷一個人性格的做法。這些方法包含手相術、占星術、面相術（人體的研究）、生命靈數（研究一個人生命中的重要數字）等等。這是占卜術中較小的分支，但卻是最廣為一般大眾所知的占卜術。

Countercheck 復查：第二次占卜，用來確定第一次占卜的真實性，自古代發展而來。

Divination 占卜：透過工具的指示或觀察自然現象探索過去、現在或未來的技術。這是刻意進行的技術，無法自發性地發生。今日的非實行者很難理解，而且受到某些嚴重誤解占卜的宗教機構大力譴責。占卜不是一種魔法形式，而是超越五感來獲得訊息的方法。

Divinatory Response 占卜回應：透過占卜產生的答案或建議。

Diviner 占卜者：為了獲取關於過去、現在或未來資訊而使用特定儀式的人。

Energy Waves 能量波：見 Waves of Energy。

Forecast 預報：關於未來的預測。今日電視氣象記者的預報是最廣為人知的形式。氣象預報經常缺乏準確性反映的並非預報員的經驗不足，而是氣候環境的不斷變化。同樣地，在判斷未來狀態時，占卜者也必須處理改變的能量波。

Fortunetelling 算命：略帶貶意的詞，通常與特定種類的性格解讀有關。占卜師本身不太會使用這樣的詞。

Gazing 凝視：端詳如水或反射表面等透明物體以占卜未來的技術。這是遍及全世界的占卜法。部分較受歡迎的形式包括鏡子占卜、水晶凝視、水占、指甲占卜等。亦稱為窺視預測。在使用水池或其他裝水容器的大多數形式中，影像會出現在液體中；這些影像並非透過心靈的想像所創造出來的。有些人主張凝視占卜法會觸及潛意識心靈，但這只有部分是對的：這會刺激潛意識心靈，讓我們能夠詮釋這些象徵，但卻無法創造這些象徵。

Omen 預兆：透過觀察意外現象所顯示的未來徵兆。看見小鳥、房子被雲所籠罩、動物的行動（尤其是貓狗）、交錯的刀子、枯萎或繁盛的植物，都是一些普遍的預兆。許多這類的預兆擁有古老的歷史。在古巴比倫和亞敘的文本中列出了上百種預兆，但除非占卜者要求預兆在特定的時間範圍和具體的環境下出現，否則對預兆的觀察並不算占卜的形式。

Oracle 神使／神諭宣示所：一般而言指的是被神靈附身，並說出神靈預言的人。也可以指這類活動發生的神廟。德爾菲（Delphi）的神諭或許是西方最著名的例子，但這類的神廟在整個傳統世界都可以找到。在本書中，我有時會用這個詞來稱呼特定種類的占卜，但真正的神諭是不需要進行占卜的。

Presage 預示：未來的徵兆。占卜回應。

Prognostication 預知：用來稱呼占卜期間接收到回應的花俏術語。

Prophecy 預言：從技術層面而言，這是神使接收到來自神靈的訊息。概略而言可以泛指占卜時收到的回應。

Prophet 先知：經歷預言的人。

Psychic 靈媒：天生可以從普遍可接受的溝通方式以外的方法接收資訊的人。這樣的人通常無須仰賴占卜，因為他們有替代方案——靈性意識。而占卜者不需要是靈媒也可以獲得準確的回應。通靈是潛意識心靈的運作。

Reading 解讀：占卜儀式的別稱。

Response 回應：見 Divinatory Response 占卜回應。

Seer 預言家：有時會用來取代靈媒或占卜師的稱呼。

Skryer 凝視占卜師：進行凝視占卜的人。

Selective Response 選擇性回應：在部分的占卜形式中，會用選擇特定答案的方式來回答問題，通常會將答案寫在紙上、樹葉上，或是刻在木棍上等等。這種形式非常受歡迎，因為可立即提供直接的答案，但回應僅限於提供的選擇範圍。

Show Stone 占卜石：用於凝視的水晶球或黑曜石鏡。

但大多帶有負面意涵。

Soothsayer 算命師：今日形容占卜者的貶意說法。曾用來形容說「真話」(sooth)的人，但大多帶有負面意涵。

Sortilege 籤卜：通常指用抽籤預言未來的行為。最早大概是在古蘇美時期(約西元前三〇〇〇年)成形，至今在世界大部分地區仍普遍使用。實行的相關工具包括樹枝、木條、鵝卵石、硬幣、豌豆、種子、各種顏色的豆子、貝殼、骰子、骨頭、植物莖、乾玉米、雞蛋、檳榔和木棍。例子包含擲骰占卜和投石占卜。

Specularii 窺視預測者：在古羅馬指的是為了占卜而研究鏡子的人。

Speculum 反射鏡：鏡子或其他在凝視占卜期間作為焦點的類似物品。

Subconscious Mind 潛意識心靈：方便的用詞，用來形式我們睡覺、做夢、做白日夢、發揮創意，或以非正常方式使用我們的心靈時運作的意識層面。在清醒的時候，主要是意識心靈在運作。睡覺時，是潛意識佔據上風。許多人相信，潛意識心靈不只會接收來自無形來源(靈性信號)，也會透過做夢和直覺將這些資料庫傳給我們的意識心靈。潛意識心靈在占卜接收到的象徵性回應詮釋中扮演積極的角色，但並非這些預測最初的來源。

Symbolic Response 象徵性回應：在占卜中，以象徵形式出現的問題答案。必須使用象徵性思維來研究意象，以顯示未來。

Symbolic Thought 象徵性思維：在實行可稱為象徵性的占卜形式時必要的輔助手段。依據占卜者個人的象徵系統詮釋接收到的象徵。

Waves of Energy 能量波：在本書的背景下，我們的過去、當下和未來的行動都會散發能量。這樣的能量在我們的一生中會持續以波的形象（很類似聲波）和我們一同前進，甚至領先我們，因此這會大大地影響我們的未來。因果在此扮演很關鍵的角色：今日所做的決定會改變我們明日（或明年）將要面對的能量波。為了改變不祥的未來，我們必須透過正面的思想和行動來改變這些能量波。